W0055972

Der kleine Mönch im Alltag

DER KLEINE MÖNCH  IM ALLTAG

für uns neu entdeckt von
Anselm Grün

*Der Klassiker von
Madeleine Delbrêl neu gelesen*

HERDER

FREIBURG · BASEL · WIEN

WER WAR MADELEINE DELBRÊL?
von Anselm Grün

Madeleine Delbrêl wurde 1904 in der süd-
französischen Stadt Mussidan in der Dordo-
gne geboren. Sie war das einzige Kind ihrer
Eltern. Ihr Vater war Bahnbeamter und wurde
oft versetzt. Statt am geregelten Schulalltag
teilzunehmen, erhielt sie deshalb Privatunter-
richt. Ihre Großeltern waren praktizierende
Katholiken, doch ihr Vater stand als Freiden-
ker der Kirche skeptisch gegenüber. Obwohl
ihre Eltern religiös wenig interessiert waren,
wurde Madeleine als Kind getauft und fei-
erte ihre Erstkommunion. Doch als sie 1916
mit 12 Jahren nach Paris zog, begann sie,
den Glauben zu hinterfragen. Angesichts der
Grauen des 1. Weltkriegs zweifelte sie immer
stärker an der Existenz Gottes. Mit 15 Jahren
bezeichnete sie sich als Atheistin. Sie besuchte
Philosophievorlesungen an der Sorbonne und
beschäftigte sich intensiv mit den Schriften

von Friedrich Nietzsche. Doch dann traf sie Jean Maydieu, einen jungen Studenten, der überzeugt seinen Glauben lebte. Sie verliebte sich in ihn und öffnete sich dem Glauben. Man sprach bereits von ihrer Verlobung. Nach zwei Jahren brach er die Verbindung mit ihr plötzlich ab und trat in den Dominikanerorden ein. Das war für die 19-jährige Madeleine eine herbe Enttäuschung. Doch gerade die Verarbeitung dieses Trennungsschmerzes führte sie zu ihrer eigentlichen Bekehrung. Madeleine fing an, ihre Trauer in Gedichten auszudrücken und zu beten. Nur wenige Monate nach der Trennung von Jean Maydieu machte sie eine tiefe Gotteserfahrung und sagte von sich: „Ich war von Gott überwältigt worden." Sie selbst bezeichnet diese Bekehrung als „die Begegnung mit dem lebendigen Gott, die Erfahrung einer Liebe, die nicht mehr zur Wahl stand".

Nach ihrer Bekehrung wollte sie in den Karmel eintreten, einen Orden, in dem die

Nonnen in Abgeschiedenheit von der Außenwelt leben. Doch die plötzliche Erblindung des Vaters, der gepflegt werden musste, hielt sie davon ab. Sie lernt Abbé Lorenzo kennen und fand durch ihn Zugang zu einer Pariser Pfarrei. Jetzt erkannte sie, dass sie sich nicht von der Welt zurückziehen musste, um Gott zu finden. Vielmehr sah sie ihre Berufung darin, mitten in der Welt nach Gott zu suchen. Wie Jesus wollte sie zugleich nahe bei Gott und nahe bei den Menschen sein. Sie las die Apostelgeschichte und erkannte ihre Berufung darin, gemeinsam mit Freundinnen eine Gemeinschaft zu gründen. Außerhalb von Klostermauern, ohne feste Ordensregeln und gewöhnlich gekleidet, wollten die Frauen gemeinsam als „Ordensfrauen ohne Titel" ein Leben in Ehelosigkeit, Armut und Gehorsam führen und das Evangelium leben.

So gründet sie im Oktober 1933 mit zwei Gefährtinnen eine Gemeinschaft und zog mit ihnen nach Ivry, einem Arbeitervorort im

Südosten von Paris, der als erste französische Stadt kommunistisch regiert wurde. Während ihre Freundinnen als Krankenschwester und als Kindergärtnerin arbeiteten, wurde Madeleine Sozialarbeiterin. Als Sozialarbeiterin arbeitete sie für zeitlich begrenzte Projekte mit den Verantwortlichen der kommunistischen Partei zusammen und setzte sich für die Belange der Arbeiter und ihrer Familien ein. 1946 gab sie ihren Beruf als Sozialarbeiterin auf und widmete sich ganz der Leitung ihrer Gemeinschaft, die inzwischen angewachsen war. Sie war befreundet mit einigen Arbeiterpriestern, vor allem mit Jacques Loew, und unterstützte ihr Anliegen. Daher war es für sie eine herbe Enttäuschung, als der Vatikan 1953 die Entscheidung bekannt gab, das Experiment der Arbeiterpriester abzubrechen. Sie war in diesem Anliegen einige Male nach Rom gefahren, um sich für die Bewegung einzusetzen und zwischen Rom und den Arbeiterpriestern zu vermitteln. Doch ihr Einsatz war vergeblich. Rom blieb hart. Frustriert schrieb sie: „Jedes Mal, wenn ich aus Sankt Peter hinaustrat, sah ich Autos von unerhörtem Luxus im Vatikan ein- und ausfahren." Die Enttäuschung und das Leiden an der Kirche hielten Madeleine jedoch nicht davon ab, sich dennoch für die Kirche zu engagieren und die Botschaft Jesu weiterhin in die von der Kirche entfernten Bereiche zu bringen. Sie hat also erfüllt, was Papst Franziskus heute das „an die Ränder gehen" nennt.

Madeleine Delbrêl schrieb im Laufe ihres Lebens viele Texte: Gedichte, Notizen, Aufsätze und Briefe. Der Großteil davon war nicht zur Veröffentlichung bestimmt. 1957 veröffentlichte sie ein Buch mit dem Titel „Ville marxiste, terre de mission". Das Buch zeigt, wie sie sich darum bemühte, für mehr Verständnis zwischen dem atheistisch-kommunistischen Arbeitermilieu und der Kirche zu werben. Die deutsche Ausgabe erschien zuletzt unter dem Titel „Auftrag des Christen in einer Welt ohne Gott". Dem Buch war damals kein Erfolg beschieden und Madeleine fühlte sich in den Debatten, die das Buch auslöste, oft missverstanden.

1961 wurde sie vom Sekretär der Kommission für das Laienapostolat gebeten, zur Vorbereitung des Zweiten Vatikanischen Konzils etwas über ihre Erfahrungen im Laienapostolat zu schreiben. Mittlerweile hatte sie viele Kontakte im In- und Ausland. Auch der Erzbischof Victor Sartre von Antananarivo auf Madagaskar bat sie um Mitarbeit in einer der Studienkommissionen zur Vorbereitung des Konzils. So fand die Stimme von Madeleine Delbrêl im Konzil Gehör. Madeleine freute sich über den Mut von Papst Johannes XXIII., ein Konzil einzuberufen. Doch sie konnte ihre Stimme nicht mehr selbst erheben. Am 13. Oktober starb sie plötzlich und überraschend knapp 60-jährig an ihrem Schreibtisch an einem Schlaganfall.

Nach ihrem Tod gaben ihre Gefährtinnen

viele ihrer Aufzeichnungen heraus. Ihre Bücher, die zunächst in Frankreich erschienen, wurden ab den 1970er Jahren auch ins Deutsche übersetzt und der Anklang, den sie seitdem finden, ist ungebrochen groß.

Madeleine Delbrêl gilt heute als Stimme des Zweiten Vatikanischen Konzils, obwohl sie selbst nicht daran teilnehmen konnte. Die vielen Leser sind fasziniert von dieser Frau, die zugleich Poetin, Sozialarbeiterin und Mystikerin war. Ihre Schriften sind konkret und alltagsnah. Sie beschreiben Madeleine Delbrêls Gotteserfahrungen, ihre Begegnung mit Christus mitten in einem atheistischen Milieu. So wird sie gerade für uns heute in einer Welt, in der viele Menschen keinen Bezug mehr zur Kirche haben, zu einer Prophetin, die uns Wege aufzeigt, wie wir heute glaubhaft Zeugnis für Jesus Christus ablegen können.

Unter den vielen Manuskripten in Madeleines Nachlass befand sich auch „Der kleine

Mönch". Es ist eine Sammlung von Aphorismen über das geistliche Leben. Ihre Freunde
kannten die Sammlung schon zu ihren Leb-
zeiten, aber bevor Madeleine die Texte in
Druck geben konnte, verstarb sie.

In den Schriften von Madeleine Delbrêl
blitzt immer wieder ihr Humor auf. Gerade in dem Buch „Der kleine Mönch" wird
dieser Humor an vielen Stellen sichtbar. Sie
urteilt nicht, sie bewertet nicht. Stattdessen
beschreibt sie liebevoll und humorvoll die
Versuchung von spirituellen Menschen, sich
ganz von den Menschen und aus dem Lärm
der Stadt zurückzuziehen, sich über andere
zu stellen oder sich von Enttäuschungen entmutigen zu lassen. „Der kleine Mönch" wird
so zur humorvollen Identifikationsfigur für
jeden Christen, der mitten in der Welt, in der
Gemeinschaft der Familie, einer Pfarrei, einer
Firma, einer Gruppe geistlich leben möchte.

Madeleine Delbrêl kennt die Gefahren und
Herausforderungen von Menschen, die in der

Welt ein geistliches Leben führen möchten. Aber sie greift nie an. Man spürt in ihren Worten keine Aggression, sondern ein liebevolles Hinweisen auf die vielen Gedanken, die in uns aufkommen und die uns von einer authentischen Spiritualität zurückhalten. Das kann das Bedürfnis sein, sich völlig aus der lärmenden Welt zurückzuziehen, um ganz bei Gott zu sein. Doch für Madeleine Delbrêl gibt es keinen Weg zu Gott, der an den Menschen vorbeiführt. Manche spirituellen Menschen meinen, wenn die Mitmenschen nicht so schwierig wären, könnten sie leichter geistlich leben. Doch solche Gedanken entlarvt Madeleine Delbrêl immer wieder als Versuchung, Gott aus dem Weg zu gehen. Denn Gott begegnen wir oft gerade mitten in den Problemen und Konflikten unseres Alltags.

Immer wieder wird deutlich, dass Jesus Christus ihr Vorbild ist. Er hat mitten in der Welt gelebt, hat sich den Menschen zugewandt und war doch immer in der Verbindung zu seinem Vater und hat aus dieser inneren Verbindung heraus gewirkt. Wie Jesus will Madeleine Delbrêl mitten in der Welt die Beziehung zu Gott im Gebet zum Ausdruck bringen.

„Der kleine Mönch" besteht aus Merksätzen, die der Mönch auf seinem Weg durch die Stadt notiert hat. Es sind kurze Einsichten, die er unterwegs über das Leben als Christ gewonnen hat: Der kleine Mönch sieht, wo er einen Fehler gemacht hat, und notiert sich einen kurzen Gedanken dazu. Auf die Merksätze folgt ein kurzer Hinweis zu der Situation, in der der Mönch sie verfasst hat.

Die kleinen Merksätze, die sich der kleine Mönch in konkreten Situationen seines Alltags in sein Notizbüchlein schreibt, habe ich versucht, in unser Leben von heute, in unser Ringen um einen geistlichen Weg mitten in unserer Welt zu übersetzen. Für viele mag die Spannung, die die Merksätze und die Situation, in der sie notiert wurden, miteinander bilden, genügen. Doch vielleicht kann es auch hilfreich sein, diese Merksätze in der jeweiligen Situation auszulegen und auf heutige Herausforderungen des geistlichen Lebens hin zu bedenken.

So wünsche ich den Lesern dieses humorvollen und zugleich liebevollen Buches, dass sie die Texte mit Augenzwinkern lesen, aber sich davon immer auch wieder ansprechen lassen, um die eigenen spirituellen Fluchtversuche zu erkennen und sich dann auf den Weg Jesu einladen und ermutigen zu lassen.

 Anselm Grün

WEIL DER KLEINE MÖNCH
NIEMANDEM GEHÖRT,
GEHÖRT ER UNS ALLEN

von Madeleine Delbrêl

Die Leser des „Kleinen Mönchs" mögen sich nicht durch die Tatsache entmutigen lassen, dass er einem Orden angehörte. Gewiss, er war ein Mönch und bleibt es, auch wenn sein ehrwürdiger Orden nicht mehr bekannt ist. Aber vielleicht ist es gerade das, was auf unsere Generation eine besondere Wirkung ausübt.

Man weiß, dass sich unsere Zeit dem Gedanken der Geschwisterlichkeit gegenüber sehr zwiespältig verhält. Einerseits tritt sie ihn mit Füßen, andererseits fordert sie ihn in besonderem Maße. Jeder weiß, dass die schmerzlichsten Reibereien in menschlichen Gemeinschaften vorkommen, in denen man sich besonders nahesteht.

Wer hat nicht schon an der unausrottbaren Intoleranz gelitten, die zwischen uns heute eine bis ins Kleinste gehende Spezialisierung schafft, vor allem, wenn wir uns weitgehend ähnlich sind. Diese Erfahrung hindert uns jedoch nicht, mitzumachen am Auseinanderreißen der Klassen, Nationen, Rassen, Zivilisationen, Wirtschaftsformen und Blöcke, die gegenwärtig der Welt ihr Gepräge geben.

Und muss es denn sein, dass unsere Zugehörigkeit zu einer religiösen Gemeinschaft uns so leicht allem entfremdet, was sich außerhalb von ihr befindet?

Nun, überall, wo Getaufte sind, gibt es auch einfache Christen. Sie sind nicht nur weiß oder schwarz, reich oder arm, gebildet oder ungebildet, sondern auch jung oder alt, krank oder gesund, begabt oder unbegabt; sie sind verheiratet oder ledig, Bischöfe oder Ordensschwestern, Jesuiten oder Dominikaner; und mögen sie noch alles Mögliche sein, sie sind doch in erster Linie einfache Christen.

Zwischen den Gruppierungen stehend, könnte uns gerade der kleine Mönch eine Hilfe sein. Er steht außerhalb der Spitzfindigkeiten unserer Zeit, denn er gehört keiner bestimmten an. Sein Orden ist unbekannt, der kleine Mönch ist in das allgemeine Erbe eingegangen.

Weil der kleine Mönch niemandem gehört, gehört er uns allen.

Er ist in jedem von uns der einfache Christ.

Er ist in jedem von uns die ungeduldige Liebe, die Gott da sucht, wo ihn der Glaube findet, wo aber das tägliche Leben ihn verbirgt.

Madeleine Delbrêl

DER KLEINE MÖNCH
ODER
DIE HEILIGEN ABENTEUER
DES ALLTAGS

DER KLEINE MÖNCH
ALS KÄMPFER

DAS ZUSAMMENLEBEN

KRIEG UND FRIEDEN

*Lerne die Kriegskunst gegen dich selbst;
im Hinblick auf die andern die Kunst des
Friedens.*

An einem Tag heiliger Zerstrittenheit.

Der hl. Benedikt spricht davon, dass der
Mönch sich zum Kampf rüsten muss. Das
bedeutet nicht, dass er gegen andere in den
Krieg zieht, sondern dass er mit seinen Leidenschaften kämpft. Dabei ist es nicht so
sehr ein Kampf gegen seine Leidenschaften,
sondern ein Ringen mit ihnen. Das Ziel des
Kampfes ist es, die Kraft der Leidenschaften
in sich zu integrieren, ohne sich von den Leidenschaften beherrschen zu lassen. Wer durch
den Kampf mit seinen Leidenschaften zu in-
nerem Frieden gekommen ist, der wird auch
fähig, mit andern in Frieden zu leben.

Der kleine Mönch, der zu dieser Einsicht an einem Tag heiliger Zerstrittenheit gelangt ist, hatte offensichtlich versucht, aggressiv die christlichen Lehren zu verteidigen und die, die scheinbar nicht richtig glauben, zum wahren Glauben zu zwingen. Doch solcher Eifer entspricht nicht der wahren Kriegskunst. Er ist nur vom Ehrgeiz des Rechthabenwollens geprägt. Den Glauben kann man nicht durch Streiten verkünden, sondern nur durch die Kunst des Friedens, nur, wenn wir mit uns selbst in Einklang sind. Dann können unsere Worte auch die andern zum Einklang mit sich selbst führen.

—

Wenn deine Stimme wie ein Schlachthorn tönt, hasst dein Bruder die Musik.
Bei einem hitzigen Gespräch.

Manchmal versuchen wir, unser Gegenüber statt mit Argumenten durch unsere Lautstärke zu überzeugen. Wir meinen, je lauter wir die Wahrheit vertreten, desto mehr wird der andere sie einsehen. Doch das Gegenteil ist der Fall. Wenn wir im Gespräch laut werden, dann vergeht dem andern die Freude an der Musik. Das gilt nicht nur für hitzige Gespräche, wie sie der kleine Mönch offensichtlich geführt hat. Es gilt im übertragenen Sinne auch für die Predigt und die Gespräche, in denen wir unseren Glauben bezeugen. Wenn wir da zu laut von Gott sprechen, als ob wir genau wüssten, wer und wie dieser Gott ist, dann verschließen die Menschen die Ohren. Sie werden taub für die Musik, die in der Frohen Botschaft Jesu an unser Ohr dringen möchte. Der erste Petrusbrief ermahnt uns, dass wir von der Liebe Gottes und der Hoffnung, die uns bewegt, erzählen sollen, aber wir sollen darüber sprechen „mit Sanftmut und Respekt" oder „mit Bescheidenheit und Ehrfurcht", wie man die griechischen Worte auch übersetzen könnte. (Vgl. 1 Petr 3,15f) Wir dürfen nicht zu laut von unserer Hoffnung sprechen. Dann klänge es eher wie plumpe Werbesprüche für eine Firma, aber nicht wie ein Zeugnis für die Hoffnung, die uns trägt.

—

Wahrer Eifer wirft nicht mit Bomben.
Als der kleine Mönch seine Gruppe verteidigte.

Jede Gemeinschaft ist stolz auf ihre eigene Identität. Doch ich habe klösterliche Gemeinschaften erlebt, die ihre Identität auf Kosten anderer entwickelten. Sie mussten über die andern schimpfen, um ihre eigene Gemeinschaft in den Mittelpunkt zu stellen. So geht es auch mancher Familie, die auf die Nachbarsfamilien herabsieht, um ihr eigenes Miteinander zu stärken. Und manche Firmen müssen die Konkurrenz schlechtmachen, um die eigenen Vorteile zu präsentieren. Sie tun, als hätten nur die anderen Schwächen und sie selbst seien perfekt. Doch das ist für Madeleine Delbrêl ein Werfen mit Bomben. Mit dem wahren Eifer, den der hl. Benedikt von seinen Mönchen fordert, hat das nichts zu tun.

Der wahre Eifer besteht für Benedikt darin, dass die Brüder „ihre körperlichen oder charakterlichen Schwächen gegenseitig mit großer Geduld ertragen". (RB 72,5) Wenn ich meine Gemeinschaft durch Kritik an den andern stärke, dann zeige ich damit, dass ich die Schwächen meiner eigenen Gemeinschaft nicht hinnehmen kann und meine Mitbrüder und -schwestern nicht so annehme, wie sie sind. Ich schaffe die Illusion von einer perfekten Gemeinschaft. Und diese illusionäre Gemeinschaft verteidige ich, indem ich Bomben auf die andern werfe.

Du magst ein Kämpfer sein; deshalb ist dein Kloster noch lang kein Schlachtfeld.

Als der kleine Mönch alle auf Hochtouren bringen wollte.

Offensichtlich tritt der kleine Mönch voller Eifer für die gute Sache ein. Er kämpft für ein perfektes Kloster, für eine perfekte Familie, für eine heilige Pfarrgemeinde. Doch er verwechselt die Gemeinschaft mit einem Schlachtfeld, auf dem dann nur Verwundete zurückbleiben. Wer die Menschen gewaltsam verändern oder verbessern will, der wird das Gegenteil erreichen. Denn wenn ich erbarmungslos gegen ihre Fehler ankämpfe, dann verstärke ich sie meist nur. Das gilt auch für den Umgang mit uns selbst. Alles, was ich bei mir bekämpfe, entwickelt eine Gegenkraft. Und so wird das geistliche Ringen zu einem Kampf, der nicht zu gewinnen ist.

Strategie ist die eine Seite, die Wege Gottes die andere.

Als der kleine Mönch an einem Abend über seinen Misserfolg nachdachte.

Der kleine Mönch hat anscheinend mit seinen Missionsversuchen und Verbesserungswünschen für seine Mitchristen keinen Erfolg gehabt. Er meint, wenn er so tatkräftig für die gute Sache Gottes kämpfe, sollte Gott ihm doch Erfolg bescheren. Doch er verwechselt seine eigene Strategie mit den Wegen Gottes. Gottes Wege sind viel sanfter und wollen niemanden mit Gewalt verbessern.

Und eine zweite Lektion lernt der kleine Mönch: Misserfolge gehören zu unserem Leben. Wir fühlen uns danach als Versager und denken darüber nach, dass wir vielleicht mehr Erfolg gehabt hätten, wenn wir die richtige Strategie verfolgt hätten. Doch die Wege Gottes sind anders. Sie sehen manchmal unseren Misserfolg vor, damit wir daraus klug werden, und erkennen, dass die Verwandlung eines Menschen immer Gnade ist und nicht Ergebnis unserer Bekehrungsversuche.

—

Wenn du Gegner hast, hau nicht drauf, als wären sie gepanzert.
Nach einer scharfen Antwort, die berechtigt war.

Manchmal müssen wir der Meinung eines andern klar widersprechen. Aber auch wenn wir uns im Recht fühlen, haben wir noch lange nicht das Recht, auf den andern mit Worten einzuschlagen, als sei er gefühllos und gepanzert und hielte auch die härtesten Schläge aus. Wir sollen hinter dem Panzer des andern immer den verletzlichen Menschen sehen und ihm unsere Antwort so geben, dass er sich als Mensch nicht verletzt fühlt. Wenn wir uns im Recht fühlen, reden wir manchmal laut und energisch auf den andern ein, damit unser

Gegenüber endlich einsieht, dass wir recht haben. Doch es kommt darauf an, mit dem andern in ein echtes Gespräch zu kommen. Das gelingt nur, wenn wir mit ihm sprechen. Sprechen ist mit dem Wort „bersten" verwandt. Wir sprechen mit dem andern, wenn es aus unserem Herzen herausbricht und wir ihm unser Herz öffnen – nicht indem wir lange lautstark auf den andern einreden und ihn zu überreden suchen.

—

Siegeslieder passen nicht für einen heiligen Streiter.
Bei einem Kongress.

Siegeslieder passen zu einem Sieg beim Fußballspiel oder zu einem militärischen Erfolg. Doch zu einem christlichen Kongress passen sie nicht. Siegeslieder drücken die Genugtuung aus, dass wir stärker sind als die andern, dass wir sie besiegt haben. Jesus hat uns aber nicht ausgesandt, die Menschen zu besiegen. Er sendet seine Jünger aus, Menschen zu fischen. Das Sprichwort sagt: „Wenn du Menschen fischen willst, hänge dein Herz an die Angel." Menschen fischen bedeutet, Menschen für Christus zu gewinnen. Aber wenn wir erleben, wie Menschen sich Jesus zuwenden, sollen wir darauf nicht mit Siegesliedern reagieren, in denen wir unsere eigenen Großtaten preisen. Vielmehr sollen wir dankbar sein, wenn sich Menschen für Christus gewinnen lassen. Es ist nicht unser Verdienst, sondern Gottes Gnade. Und um Gottes Gnade zu preisen, bedarf es keiner Siegeslieder, sondern vielmehr eines Loblieds. Im Loblied steht der Gelobte, steht Gott im Mittelpunkt, und nicht wir als seine Diener. Wir schauen auf Gott und preisen ihn, aber nicht auf unsere erfolgreiche Strategie. Sie bleibt wirkungslos ohne die Gnade Gottes. Jesus möchte Zeugen seiner Botschaft, die nicht auf ihren

Erfolg sehen, sondern auf die Echtheit ihres Zeugnisses, die in ihrem Leben sichtbar wird.

—

Ein Kämpfer muss nicht unbedingt ein Soldat sein.

Nachdem er energische Maßnahmen getroffen hatte.

Der kleine Mönch meint, er müsse Ordnung schaffen in seiner Gemeinschaft. Er trifft energische Maßnahmen, damit alle seinen Vorstellungen von einer guten Gemeinschaft folgen. Ein Vater meint, er müsse autoritär durchgreifen in seiner Familie, damit endlich wieder Ordnung herrscht oder die Kinder wieder auf die richtige Spur kommen. Doch für die gute Sache zu kämpfen, bedeutet nicht, wie ein Soldat gegen andere zu kämpfen oder für klare Gesetze in der Kompanie zu sorgen. Weder die Familie noch die Firma noch die Pfarrei sind eine Kompanie, die energische Maßnahmen verträgt. Sie sind Gemeinschaften, die man behutsam formen sollte.

—

Wenn du schreist, wird dein Nachbar taub.

Als dem kleinen Mönch niemand zuhören wollte.

Als dem kleinen Mönch niemand zuhören wollte, wurde er immer lauter. Das kennen wir aus eigener Erfahrung. Kinder, die nicht von ihren Eltern gehört werden, beginnen zu schreien. Lehrer, die sich nicht durchsetzen können, versuchen es mit Lautstärke. Väter wollen ihre Autorität den Kindern gegenüber mit lauten Worten ausdrücken. Mitarbeiter versuchen, sich durch Lautstärke Gehör zu verschaffen. Doch humorvoll bemerkt Madeleine Delbrêl, dass der andere durch mein Schreien nur taub wird. So kann ich gar nichts erreichen. Leisere Worte dringen besser in sein Ohr. Zu laute Worte verstopfen seine Ohren und machen sie taub.

—

Die Plackerei mit dir selbst und der Schweiß eines Bauarbeiters sind zwei verschiedene Dinge.

An einem Tag inneren Ringens, draußen Gewitter.

Die Arbeit an mir selbst treibt mir nicht den Schweiß auf die Stirn wie einem Bauarbeiter an einem anstrengenden Arbeitstag. Es ist eine harte Arbeit, die aber nicht der Muskeln bedarf, sondern der ehrlichen Selbstbegegnung und der Bereitschaft, den Kampf mit meinen täglichen Fehlern aufzunehmen. Es bedarf der Bereitschaft, mich immer wieder damit auszusöhnen, dass ich nicht perfekt bin, und dennoch immer wieder den Versuch zu machen, innerlich weiterzukommen. Nur so werde ich allmählich mehr und mehr verwandelt, sodass der Geist Jesu durch mich hindurchscheint.

Wenn an einem Tag der inneren Arbeit draußen noch Gewitter herrscht oder wenn Regen oder Nebel den Tag eintrüben, dann fühle ich mich oft trostlos und trübselig. Es kommt darauf an, dann trotzdem weiter an mir zu arbeiten, ohne mich von der äußeren Stimmung abhalten zu lassen.

UNSERE GEBRECHLICHKEIT

Dein Bruder ist vielleicht brutal,
du aber bist sicher gebrechlich.

Beim Meditieren über unsere moralische
Gebrechlichkeit.

Wir beschäftigen uns gerne mit den Fehlern der anderen. Wir regen uns auf über die
unfassbare Brutalität des Bruders oder der
Schwester. Doch wir sollten uns immer auch
der eigenen moralischen Gebrechlichkeit bewusst sein. Wir haben die Moral nicht für uns
gepachtet. Der hl. Benedikt fordert das auch
vom Abt: „Stets misstraue er seiner eigenen
Gebrechlichkeit!" (RB 64,13)

Keiner kann garantieren, dass er niemals
selbst schwach werden und unmoralisch handeln wird. Daher sollten wir vorsichtig sein,
über andere zu urteilen. Ein Mann urteilte
hart über alle Frauen und Männer, die sich
scheiden lassen. Man müsse zu seinem Ja ste-

hen. Doch dann lernte er auf einer Kur eine Frau kennen. Und auf einmal erkannte er, dass er nahe dran war, das, was er andern ankreidete, selbst zu vollziehen. Es war heilsam für ihn, dass er vom Thron seiner Selbstgerechtigkeit herabstieg und sich seiner eigenen Zerbrechlichkeit bewusst wurde. Das hinderte ihn daran, künftig hart über die Mitmenschen zu urteilen.

—

Man würde schneller ein geduldiger Mensch, wenn man mehr Lust dazu hätte.

Als der kleine Mönch den Eindruck hatte, dass geistige Niederlagen allmählich verblassen.

Statt sich selbst geduldig auszuhalten, verdrängen wir lieber unsere geistigen Niederlagen. Wir verdrängen, dass wir von unseren Idealen abgerückt sind und schmerzlich auf die Nase gefallen sind. Doch wir sollen unsere Niederlagen nicht verdrängen, sondern geduldig mit uns umgehen. Wir werden immer wieder einmal fallen. Dann braucht es Geduld, um sich nicht wieder als Versager zu fühlen. Aber die Frage ist, ob ich Lust dazu habe, geduldig zu sein. Oft halte ich lieber an meinen hohen Idealen fest und vergesse meine Niederlagen, als mich in aller Geduld anzunehmen, so wie ich bin.

—

Zerbrechliche Herzen sind fürs Schaufenster gut, nicht aber für den geistlichen Kampf.
Als man ihm fast das Herz brach.

Gerne stellen wir unsere zerbrochenen Herzen zur Schau. Wir halten unsere schmerzlichen Verletzungen, die uns andere zugefügt haben, den Leuten vor die Augen. Doch lautes

Jammern über unser gebrochenes Herz entspringt dem Selbstmitleid. Wir schwimmen dann gleichsam in unsrem Selbstmitleid und können unseren Blick nicht nach vorn richten.

Auch das Klagen hat seine Zeit, aber wenn wir immer nur mit großem Schmerz zurückschauen, kommen wir nicht weiter auf unsrem geistlichen Weg. Wenn wir gegen das Böse und die Ungerechtigkeit kämpfen wollen, sollen wir mit der Kraft in Berührung kommen, die Gott uns verliehen hat. Wir werden auf unserem Weg immer wieder fallen. Aber das ist nicht so schlimm. Wir werden immer wieder auch verletzt werden. Doch es geht darum, immer wieder aufzustehen, wenn wir fallen, immer wieder neu anzufangen, wenn wir versagt haben.

DAS SCHWEIGEN

Die erste Sprosse auf der mystischen
Leiter des Schweigens besteht darin,
dass man sich nicht gerne reden hört.
Nach einer glänzenden Rede.

Der kleine Mönch war offensichtlich fasziniert von der glänzenden Rede, die er gehal-
ten hat. Vielleicht ist er sogar Gott gegenüber
dankbar, dass ihm die Rede so gut gelungen
ist. Doch diese Euphorie über sein Redetalent
trübt eine Einsicht, die dem kleinen Mönch
auf einmal kommt: Es kommt darauf an,
nicht selbstverliebt zu werden und sich selber
nicht gerne reden zu hören. Wer sich selbst
gerne zuhört, der genießt sein Reden. Aber
er spricht nicht zu den Menschen. Er spricht
letztlich zu sich selbst. Er möchte von den
Zuhörern bewundert werden, aber es geht
ihm nicht darum, die Herzen der andern für
Gott zu öffnen.

Madeleine Delbrêl spricht hier von der mystischen Leiter des Schweigens. Sicherlich kennt sie die zwölf Stufen der Demutsleiter, von der der hl. Benedikt in seiner Regel spricht. Die erste Sprosse der mystischen Leiter des Schweigens besteht darin, sich zu fragen: Höre ich mich selber gerne reden? Bin ich verliebt in mein Sprechen? Kreise ich narzisstisch um mein elegantes Reden? Wenn wir uns dieser Frage ehrlich stellen, dann sind wir schon dabei, die erste Sprosse zu erklimmen. Aber wir sollten vorsichtig sein. Allzu leicht gleiten wir auf dieser Sprosse aus und fallen wieder zurück, wenn wir uns doch gerne reden hören.

Die vorletzte Sprosse derselben Leiter ist das Zuhörenkönnen.
Ohne Kommentar.

Eine wichtige Art und Weise des Schweigens ist das Zuhören. Ich höre auf den andern, ohne gleich zu überlegen, was ich ihm erwidern könnte. Ich höre einfach zu und gehöre in diesem Zuhören dem andern. Ich fühle mich ihm zugehörig. Ich versuche, ihn zu verstehen, ohne ihn zu bewerten oder zu beurteilen. Es ist eine Kunst, dem andern zuzuhören. Denn oft genug sind wir beim Zuhören immer schon mit unseren eigenen Gedanken beschäftigt, die uns viel klüger vorkommen als die Worte, die der andere spricht. Michael Ende erzählt in seinem Roman „Momo" von einem kleinen Mädchen, das eine Meisterin im Zuhören ist. Nur durch ihr Zuhören fassen die Menschen neuen Mut, fühlen sich verstanden und können auf einmal zu sich selber stehen. Beim Zuhören soll nicht nur unser Mund schweigen, sondern auch unsere Gedanken. Denn oft genug bewerten wir das, was der andere uns erzählt. Aber nur der hört gut zu, der frei ist von allem Bewerten und Beurteilen.

—

Der Anruf Gottes bricht das Schweigen nicht; deshalb können ihm das Telefon, die Türglocke, der brüderliche Umgang nicht schaden.

Es ist schwer zu sagen, wann der kleine Mönch diesen Satz niedergeschrieben hat. Das Papier, auf dem er steht, ist ziemlich abgegriffen.

Offensichtlich hat der Mönch diesen Satz häufig mit sich getragen und sich immer wieder an ihn erinnert. Denn in seiner Suche nach der Stille, in der er Gott hören möchte, wurde er immer wieder gestört durch Telefonanrufe oder die Türglocke, wenn jemand seine Hilfe brauchte. Er musste sich dann immer wieder sagen: Weder das Telefon noch die Türglocke noch der Umgang mit den Brüdern und Schwestern bricht das Schweigen. Ganz im Gegenteil: In all dem sollten wir den Anruf Gottes vernehmen.

Madeleine Delbrêl sagt: „Schweigen heißt nicht, nichts zu sagen, sondern mit all unseren Kräften zu hören." Oft verkriechen wir uns lieber in ein schönes Schweigen und merken gar nicht, dass wir darin narzisstisch um uns kreisen, dass es uns mehr um unser Wohlgefühl geht als um den Anruf Gottes. Gott möchte uns gerade im lästigen Telefonanrufer oder in dem ungelegenen Besucher ansprechen.

Der Sinn des Schweigens ist: hinzuhören auf Gott; wenn er durch seine Geschöpfe spricht, sollte man ihm nicht immer das Wort abschneiden.

Am Krankenbett eines Bruders, der im Alter wieder zum Kind geworden war.

Der kleine Mönch besucht einen kranken Bruder, der wieder zum Kind geworden ist. Vielleicht ist er dabei, dement zu werden. Der Mönch meint, er müsse ihm fromme Worte sagen, ihn trösten oder erheitern. Doch dann wird ihm bewusst: Gerade durch diesen dementen Bruder spricht Gott zu ihm. Und er sollte auf die Botschaft Gottes in diesem Bruder hören, anstatt sich selber als guten Berater oder Begleiter zu präsentieren. Gerade wenn alte Menschen wieder zum Kind werden, haben sie uns Wichtiges zu sagen. Wir sollten dann demütig hinhorchen, was Gott uns durch das kindliche Gemüt des alten Menschen sagen möchte, anstatt ihm ständig das

Wort abzuschneiden, weil wir ja schon alles wissen über den geistlichen Weg.

MENSCHLICHE GRÖSSE

Wenn du klein werden willst, verachte nicht die Größe der anderen.

Als der kleine Mönch nervös wurde, weil man anderen zu viel Achtung entgegenbrachte.

Der kleine Mönch betrachtete es getreu der Regel Benedikts als Ziel seines geistlichen Weges, immer kleiner zu werden, damit Christus in ihm groß werden könne. Doch als man einen andern lobte wegen seiner menschlichen Größe und wegen seiner geistlichen Reife, da spürte er in sich die Tendenz, den andern zu entwerten, alle seine Schattenseiten aufzuzählen und dessen Größe nur als Schein zu entlarven. Er erkannte, dass sein Streben, klein und demütig zu sein, selbst vom Ehrgeiz geprägt war, etwas Besonderes zu sein, sich über andere stellen zu können.

Wirklich klein bin ich nur dann geworden, wenn ich mich über die Größe des andern freuen kann. Wenn ich jedoch den andern ständig entwerten muss, dann bin ich nicht klein und demütig, sondern ich leide an meiner eigenen Wertlosigkeit. Und diese Wertlosigkeit möchte ich kompensieren, indem ich andere entwerte. Ich kann es dann nicht ertragen, dass andere größer sind als ich.

—

Sei klein, aber nicht so, dass du bei dir als Gramm betrachtest, was dein Bruder noch als Kilo besitzt.
Siehe oben.

Klein sein bedeutet nicht, sich kleinzumachen und alles an sich zu entwerten. Es bedeutet auch nicht, sich mit andern zu vergleichen.

Vielmehr bedeutet klein sein, sich vor Gott klein zu fühlen und den Unterschied zu Gott ehrfürchtig wahrzunehmen. Dann habe ich es nicht mehr nötig, mich selbst ständig zu entwerten. In meiner Kleinheit habe ich vor Gott eine unantastbare Würde.

—

Wenn du deine Kleinheit entdeckst, meine nicht, du seist eine Perle.
Nach unvergesslichen Einsichten über seine Unbedeutendheit.

Manche Menschen haben den Eindruck, sie seien besonders spirituell, wenn sie sich ganz kleinmachen. Das hatte die hl. Theresia von Lisieux zu Beginn ihres Ordenslebens als ihren Weg angesehen. Sie nannte sich die Lieblingskleine Jesu. Aber gerade mit diesem Wort stellte sie sich letztlich über ihre Mitschwestern. Es war eine Flucht in die Grandiosität.

Doch Theresia merkte, dass dieser Weg nicht in die Wahrheit führt. So entdeckte sie einen neuen Weg. Sie erkannte: Das Wasser sucht immer den tiefsten Punkt. Jetzt konnte sie Gott ihre Ohnmacht, ihre Empfindlichkeit, ihre Verlassenheit und ihre Leere hinhalten. Und sie ließ Gottes Liebe bis in die tiefen Abgründe ihrer Seele strömen. Das hat sie verwandelt.

Nur wenn wir die Liebe Gottes in unsere Wunden strömen lassen, wächst in unseren Wunden eine Perle, so wie die Perle in den Wunden der Auster wächst. Dann werden wir durch die Gnade Gottes eine Perle. Aber wir hören dann auf, in fromme Gedanken zu fliehen und uns vor andern nur deshalb kleinzumachen, um uns als etwas Besonderes darzustellen.

Schau, dass du nicht am letzten Platz ankommst, als seist du der Sieger der Tour de France.

Als er von seiner Kleinheit überwältigt war.

Es gibt die Gefahr, den eigenen Weg zu seinem eigenen Kleinsein als anstrengende geistliche Tour zu verstehen. Man feiert seine Kleinheit wie der Sieger der Tour de France seinen Sieg. Man meint, etwas Besonderes geleistet zu haben. Man ist fasziniert von seiner eigenen Kleinheit. So merkt man gar nicht, wie man zwar von seiner Kleinheit spricht, aber eigentlich seine Größe und seine spirituelle Leistung meint. Madeleine Delbrêl durchschaut diese Sucht, besonders demütig sein zu wollen und sich gerade dadurch als etwas Besonderes zu fühlen und sich über andere zu stellen. Im Kloster bin ich so manchem Mitbruder begegnet, der sich als besonders demütig gab. Doch wenn man ihn dann kritisiert hat, merkte man nichts mehr von seiner Demut. Da zeigte sich, dass die Demut nur ein Weg war, sich in seiner eigenen spirituellen Kleinheit zu sonnen. Aber diese Mitbrüder waren nicht wirklich klein vor Gott.

—

Du trägst deinen Edelmenschen in dir: der heilige Paulus nennt ihn den alten Menschen.

Als er am Abend über ein Problem nachdachte, das er elegant gelöst hatte.

Wenn uns etwas gelungen ist, sind wir zu Recht stolz darauf. Doch in diesem Stolz werden wir oft blind für unsere Schattenseiten. Wir meinen, wir bestünden nur aus dem Edelmenschen, der die Aufgabe so wunderbar gelöst hat. Wir sind stolz auf den Edelmenschen in uns. Wir sind stolz, dass wir voller Tugend sind, dass wir die christlichen Werte verwirklichen. Doch darin liegt die Gefahr, dass der

Edelmensch in uns nicht dem Bild Jesu entspricht. Vielmehr prahlen wir mit diesem Edelmenschen in uns. Wir fühlen uns schon ganz und gar verwandelt und von den christlichen Werten durchdrungen. Doch diesen edlen Menschen in uns nennt Paulus den alten Menschen, der nicht vom Geist Jesu durchdrungen ist, sondern vom Geist der Prahlerei.

—

Sich als klein vor Gott bezeichnen,
heißt selten, dass man diese Haltung
auch verwirklicht; die wahrhaft
Demütigen fühlen sich als Anfänger.
Als der kleine Mönch sich wie ausgelöscht vorkam.

Manche sprechen vom Ich-Tod. Und sie meinen, es sei der Gipfel der Spiritualität, wenn man sein Ego getötet hat. Doch ich kenne Menschen, die vor lauter Ich-Tod ihr aufgeblähtes Ego vor sich hertragen. Wenn man zu große Worte für seine eigene Kleinheit, für seine Demut benutzt, bin ich immer skeptisch. Dann verbirgt sich hinter den großen Worten oft das Gegenteil. Der Psychologe C.G. Jung nennt das den Schatten. Der Schatten der Demut ist der Hochmut, der Schatten des Kleinseins ist die Grandiosität. Man fühlt sich in seiner Demut und in seinem Kleinsein allen anderen überlegen. Man meint, die andern würden nur sich selbst in den Mittelpunkt stellen. Und man erkennt gar nicht, dass man mit seinem übertriebenen Sprechen von der eigenen Kleinheit genau das tut, was man den andern vorwirft.

Der wirklich demütige Mensch fühlt sich immer als Anfänger. Auch der hl. Benedikt schreibt am Schluss seiner Regel, dass er diese Regel für Anfänger geschrieben hat. Der kleine Mönch nimmt sich vor, sich immer bewusst zu machen, dass er nur ein Anfänger ist auf dem geistlichen Weg. Ihm ist bewusst geworden: Selbst wenn er alle Regeln befolgt, bleibt er doch ein Anfänger auf dem Weg zu Gott.

—

Wenn du deine Tugend nicht bewundern kannst, bewundere nicht deine reumütige Gesinnung.

Als sich der kleine Mönch von allem zurückzog, um sich den Vorwürfen seines Gewissens zu stellen.

Das Gewissen sagt dem kleinen Mönch, dass es mit seinen Tugenden nicht weit her ist. Das gibt er vor sich selbst mit einer reumütigen Gesinnung zu. Er schlägt sich voller Reue auf die Brust, weil er die Tugenden, die Jesus ihm vorgelebt hat, nicht verwirklicht hat.

Insgeheim bewundert er dabei seine eigene Reue. Er badet sich gleichsam in seiner Reue und kommt sich darin besonders demütig vor. Er merkt gar nicht, dass sein Baden in der Reue eine subtile Form von Hochmut ist.

In Beichtgesprächen begegne ich manchmal Menschen, die wie der kleine Mönch ihre reumütige Gesinnung bewundern. C.G. Jung spricht davon, dass die wahre Reue dazu da ist, umzukehren. Doch statt ihrer Schuld ins Auge zu sehen und umzukehren, genießen viele Menschen lieber die Reue „wie ein warmes Daunenbett an einem kalten Wintermorgen, wenn man aufstehen sollte". Doch das ist dann keine wirkliche Reue.

HYGIENE

*Es ist von großer Bedeutung zu unter-
scheiden, was von der Schwerfälligkeit
unseres Geistes und was vom Zustand
unseres Körpers stammt.*

Als der kleine Mönch traurig war.

Die Traurigkeit kann eine Reaktion der Seele
sein auf die Nichterfüllung infantiler Wünsche. Dann kommt sie aus der Seele. Doch
es gibt auch die Traurigkeit, die von einem
vernachlässigten Körper kommt. Man überfordert den Körper mit Arbeit und Höchst-
leistungen und wundert sich dann über die
eigene Traurigkeit.

Der Philosoph und Dominikaner Thomas
von Aquin hat das schon im Mittelalter er-
kannt. Er empfahl gegen die Traurigkeit ein
Bad zu nehmen. Wenn der Körper sich beim
Baden etwas Gutes tut, dann verwandelt das
auch seine Traurigkeit.

Wir sollen also erst einmal unsere Natur ernst nehmen und erforschen, ob unsere Traurigkeit nicht ein Zeichen dafür ist, dass wir die Natur unseres Leibes vernachlässigt haben. Manchmal müssen wir daran erinnert werden, dass unser Leib immer wieder Erfrischung braucht, um sich gut zu fühlen. Es braucht die Gabe der Unterscheidung, um zu erkennen, woher unsere Traurigkeit kommt – vom Geist oder vom Leib, von unserer psychischen Struktur oder von unserer Trägheit, weil wir zu faul sind, an die frische Luft zu gehen, um unsere trübe Stimmung aufzuhellen.

—

Über sechs Milliarden Menschen tragen die Last des Lebens; zu wissen, dass du keine Ausnahme bist, kann dir nützlich sein.

Als der kleine Mönch gegen die Müdigkeit ankämpfte.

Müdigkeit gehört zu unserem Leben. Viele Menschen werden von der Arbeit müde. Die Müdigkeit ist nicht etwas, was wir bekämpfen müssen. Wir sollen sie bewusst wahrnehmen. Dann haben wir das Gefühl: Wir haben für Gott und für die Menschen gearbeitet und sind redlich müde. Die Müdigkeit lädt uns ein, uns etwas zu gönnen, uns zu erholen, uns das zu holen, was Leib und Seele gerade brauchen. Wenn wir meinen, wir müssten die Müdigkeit überwinden, dann nehmen wir unseren Leib nicht ernst. Die Müdigkeit gehört zu uns. Die Frage ist nur, wie wir mit ihr umgehen. Der kleine Mönch kämpft gegen die Müdigkeit. Doch wenn wir gegen sie ankämpfen, wird sie leicht zu einer chronischen Müdigkeit. Wenn wir sie hingegen annehmen und darin unsere Grenze erkennen, dann kann uns die Müdigkeit für Gott öffnen. Wir erkennen in aller Demut die Grenze unserer Belastbarkeit an und begeben uns in unserer Müdigkeit in Gottes barmherzige Arme.

Wenn du dein Gesicht verlierst, mach weiter; verlierst du den Kopf, hör auf.

Als er Widerspruch erfuhr.

Wenn wir kritisiert werden, weil wir einen Fehler gemacht haben, haben wir den Eindruck, wir hätten unser Gesicht verloren. Unser guter Ruf ist dahin. Die andern entdecken hinter unserer Fassade unsere Gebrechlichkeit. Doch das ist für Madeleine Delbrêl nicht schlimm. Diese Erfahrung kann uns zur eigenen Wahrheit führen. Aber wenn wir den Kopf verlieren, wenn wir völlig irrational reagieren, dann sollen wir aufhören. Dann ist es Zeit, innezuhalten, um wieder zu Verstand zu kommen.

Wenn dir das Herz in den Kopf steigt,
dann hast du zu viel Gemüt.

Als er ganz überwältigt war.

Es ist gut, wenn wir mit dem Herzen denken und nicht nur mit dem Kopf, wenn wir Gefühle zeigen und nicht rein rational alles lösen wollen. Doch was meint der kleine Mönch mit diesem Satz, den er sich in sein Notizbuch schrieb, als er überwältigt war? Der kleine Mönch war offensichtlich von etwas begeistert, vielleicht von einer spirituellen Erfahrung, einer Einsicht oder von sich selbst. Er war vielleicht auch ganz fasziniert von sich selbst. Doch Madeleine Delbrêl lässt den kleinen Mönch innehalten: „Vielleicht steigt gerade mein Herz in den Kopf." Sein Kopf wird ganz und gar von Emotionen überschüttet, sodass der Mönch nicht mehr klar denken kann. Darum sollte er sich fragen, ob er nicht gerade zu viel Gemüt hat und ob er sich nicht zu sehr von seinen Gemütswallungen bestimmen lässt. Dabei wäre jetzt vielleicht das klare Denken dran.

Die frühen Mönche meinten, in zu großer Begeisterung sei nicht unbedingt der Geist Gottes am Werk, sondern die Begeisterung sei eine Reaktion unserer Natur. Im Begeisterungsüberschwang projizieren wir oft genug unsere infantilen Wünsche auf Gott. Wir meinen dann, Gott zu berühren. Doch wir bleiben in unseren eigenen Emotionen stecken.

DER GUTE RAT ODER DIE HAUT
DES ANDEREN

Guter Rat kostet nichts.

*Der kleine Mönch schätzte dieses Sprichwort
sehr und hielt es sich meist vor Augen, wenn er
jemandem eine Antwort gab.*

Wir geben oft leichtfertig Ratschläge. Im
Deutschen verbindet man mit dem Wort
„Ratschläge" auch etwas Aggressives. Man
sagt: „Auch ein Ratschlag ist ein Schlag." Der
kleine Mönch gab offensichtlich gerne Ratschläge. Das Sprichwort entlastet ihn von der
Verantwortung, die er mit einem Ratschlag
für den andern übernimmt. Er braucht ja
nicht zu zahlen für seinen Ratschlag.

Ein weiteres Sprichwort lautet: „Die Rat-
geber tragen den Schaden nicht." Die Ze-
che hat der andere zu zahlen, dem ich einen
Ratschlag erteile. Doch mit meiner Antwort
sollte ich auch Verantwortung für den andern

übernehmen. Eine „Antwort" ist ursprünglich ein Wort, das ich in das Antlitz des andern hineinspreche. Ich gebe also nicht eine
beliebige Antwort. Ich schaue den andern an.
Das zwingt mich dazu, Worte zu sagen, die
ich auch verantworten kann. Ich trage Verantwortung für die Worte, die ganz persönlich für
diesen Menschen gesprochen werden und mit
denen wir dem andern einen Weg anvertrau-
en, den wir selbst in dieser Situation gehen
würden.

Statt „einen Ratschlag erteilen" zu sagen,
sollte man besser sagen „eine Empfehlung
geben". Empfehlen heißt ursprünglich: etwas
dem andern anvertrauen.

*Auch als Erwachsener bleibst du
ein Kind Gottes.*

*Als der kleine Mönch über die Wichtigkeit seiner
Aufgaben nachdachte.*

Wenn wir unsere Aufgaben gut verrichten, dann geraten wir häufig in Gefahr, uns für besonders wichtig zu halten. Wir meinen, wir hätten eine bedeutende Aufgabe für die Menschheit. Von uns hinge der Segen der andern ab. Doch als der kleine Mönch merkt, dass er so denkt, spürt er die Gefährdung durch solche Gedanken und stellt sich selbst einen wichtigen Merksatz vor Augen: Auch als Erwachsener, auch mit noch so bedeutungsvollen Aufgaben bleibe ich Kind Gottes. Dessen sollte ich mir immer bewusst sein.

Vergiss nicht, dass das Zusammenleben mit dir genügen kann, sich den Himmel zu verdienen.

Nach bitteren Bemerkungen.

Wir sind für die Menschen, mit denen wir zusammenleben, immer auch eine Herausforderung. Viele tun sich schwer mit uns. Das hat auch Madeleine Delbrêl in ihrer Hausgemeinschaft festgestellt: „Für die einen bedeutet Ordnung die härteste Sklaverei, bei anderen dagegen löst schon die Unordnung der Wäsche eine Verwirrung in ihren Gedanken aus." Wenn sie bittere Bemerkungen auf uns hin machen, dann erkennen wir, dass wir für sie eine Last sind, dass wir in ihnen Bitterkeit erzeugen. Nicht nur wir verdienen uns den Himmel durch unsere schwierigen Mitmenschen und wachsen an ihnen. Den andern geht es mit uns genauso. Wir sind auch für die andern oft eine Last. Das sollten wir uns immer wieder bewusst machen. Deshalb sollten wir daran denken, dass unser Zusammenleben für alle eine Gelegenheit sein kann, sich den Himmel zu verdienen und in der Liebe zu wachsen. Wir vertrauen darauf, dass wir alle dadurch für Gott geöffnet werden.

—

Wenn du deinen Bruder als Kind betrachtest, dann deshalb, weil du zu erwachsen bist.

Der kleine Mönch, gebeugt vom vielen Sich-Hinneigen zu seinen Mitmenschen.

Der kleine Mönch fühlt sich als begnadeter Seelsorger. Er beugt sich zu den Menschen hinab und versucht sie zu verstehen. Aber er merkt gar nicht, dass er sich über sie stellt. Er erkennt in den andern, dass sie sich nicht entwickelt haben, dass sie Kind geblieben sind. Doch – so meint Madeleine Delbrêl – er sollte sich genau fragen, ob er das innere Kind in sich selbst verdrängt hat. Das innere Kind ist ja auch in ihm. Und wenn er mit dem inneren Kind in sich in Berührung ist, dann stellt er sich nicht über die andern und hält sie für infantil. Vielmehr steht er dann auf der gleichen Ebene mit den Menschen, die er begleitet. Das Kind im andern erinnert ihn an das Kind in seinem eigenen Herzen. Dann hört er auf, sich zu andern hinabzuneigen. Er begegnet dann dem andern auf Augenhöhe.

—

Es verrät keine Achtung vor dem Menschen, wenn du zulässt, dass sich dein Bruder wie ein Esel aufführt.
Als der kleine Mönch meinte, er müsse sich diskret zurückhalten.

Wenn ein anderer Mensch sich danebenbenimmt, sich wie ein Esel verhält, dann schauen wir entweder weg und wollen es gar nicht wahrhaben. Oder wir sehen voller Schaden-freude zu und beobachten das Fehlverhal-ten des andern mit dem Gefühl der eigenen Überlegenheit. Unsere Vorurteile gegenüber diesem Menschen werden durch sein eselhaf-tes Verhalten bestätigt. Doch das zeugt nicht von unserer Achtung diesem Menschen ge-genüber. Wenn wir ihn achten, dann werden wir ihn diskret ermahnen, doch seiner Würde gemäß zu leben. Wir werden ihn nicht be-werten. Aber aus Liebe und Rücksicht wer-den wir ihn korrigieren, damit er sich dann selbst nicht genieren muss für sein eselhaftes Verhalten. Wir sind also verantwortlich, dass es beim andern nicht so weit kommt, dass er seine Beherrschung verliert und sich wie ein Esel aufführt.

Herr,
lehre mich zu begreifen,
dass ich kein Engel bin
und dass unser guter Rat
sehr bescheiden ist.
Amen.

Das Gebet, das der kleine Mönch immer wieder spricht, wenn er andere begleitet, würde auch uns guttun. Wenn wir andere begleiten, sollen wir uns immer wieder bewusst machen, dass wir keine Engel sind. Wir haben die gleichen Schwächen wie die Menschen, die wir begleiten. Wir ringen genauso wie sie um immer mehr Durchlässigkeit für den Geist Jesu. Daher sollen wir uns nicht wie Engel gebärden, als ob wir ohne Bedürfnisse wären wie sie. Und auch an etwas anderes sollen wir denken: Unser guter Rat ist sehr bescheiden. Wir sind nicht die Wegweiser für die anderen. Wir können den anderen nur ermutigen, seinen eigenen Gefühlen zu trauen. Und wir können versuchen, ihm zu erklären, was uns selbst guttut, wie wir in dieser Situation handeln würden. Aber wir sollten uns zugleich daran erinnern, dass wir unsere eigenen Ratschläge ja selber nur sehr zaghaft und lückenhaft befolgen.

DER KLEINE MÖNCH
ALS MISSIONAR

Vergiss nicht, dass du wählen durftest,
was die anderen von dir annehmen sollen.

Als der kleine Mönch meinte, er habe sich schon
ganz dem wilden Naturvolk angepasst, bei dem
er wohnte.

Missionare haben oft ein hohes Sendungsbe-
wusstsein. Sie meinen, die andern müssten
doch unbedingt diese wunderbare Botschaft
Jesu annehmen, die sie verkünden. Doch sie
vergessen oft, dass sie ja selbst die innere Freiheit hatten, sich für diese Botschaft zu ent-
scheiden. So sollten sie auch ihren Zuhörern
diese innere Freiheit zugestehen. Sie können
die Botschaft Jesu nur anbieten – und das
nicht nur mit Worten, sondern mit ihrem ganzen Leben. Aber wie die Zuhörer darauf reagieren, das müssen sie ihnen überlassen und
der Gnade Gottes. Jesus sendet seine Jünger
aus, dass sie den Menschen den Frieden verkünden. Aber wenn sie den Frieden nicht annehmen, dann sollen sie getrost weiterziehen.
(Vgl. Lk 10,5f)

Wenn du den anderen nur ähnlich bist,
bringst du ihnen nichts sehr Neues.

Als sich der kleine Mönch den anderen gleich-
machte, um sie zu Gott zu führen.

Madeleine Delbrêl bezieht sich in diesen
Worten auf die missionarische Idee des
Gleichwerdens mit denen, denen man die
Botschaft verkündet. Mission heißt zwar In-
kulturation. Aber das bedeutet nicht, dass
man sich den Empfängern der Botschaft nur
anpasst, sondern dass man das Neue, das man
verkündet, in die Kultur einpflanzt, sodass ein
neuer Baum aufblühen kann. Wer sich nur anpasst, der verkündet nichts Neues. Doch Jesus
spricht immer wieder vom neuen Wein, der
in neue Schläuche gehört, und vom neuen
Gebot der Liebe, vom neuen Bund. Das Neue
muss in unserer Botschaft zu spüren sein. Die
Sozialarbeiterin Madeleine Delbrêl hat mit
diesen Worten auch ihre eigene Sendung im
Blick. Sie hat sich auf die einfachen Menschen

in der kommunistischen, atheistischen Arbeiterstadt Ivry eingelassen. Aber sie hat sich nicht angepasst.

Wer sich nur anpasst und sein Fähnlein in den Wind hängt, der hat seinen Mitmenschen nichts zu sagen. Einlassen heißt: ganz bei den andern zu sein, aber zugleich authentisch mit seinem Glauben bei den andern sein, mit seinem Leben von etwas Neuem Zeugnis geben, von der Botschaft Jesu.

—

Selten wird einer reich durch eine Münze, auf die sein Bild geprägt ist.
Als der kleine Mönch den anderen gab, wonach er sich selber sehnte.

Wir sagen den andern oft das, wonach wir uns selbst sehnen. Das ist durchaus legitim. Wir geben den Menschen Anteil an unserer eigenen Sehnsucht. Doch wenn wir unsere Sehnsucht nicht von Gott erfüllen lassen, wenn wir nur von unserer Sehnsucht sprechen, dann geben wir den Menschen keine Münze, die sie bereichern könnte. Madeleine Delbrêl gebraucht dazu ein Bildwort: Wenn ich andern die Münze weitergebe, auf die mein eigenes Bild geprägt wird, wenn ich also in meiner Verkündigung nur meine eigenen Ideen verbreite, dann wird das nicht viel Erfolg haben. Meine Sehnsucht zeigt auf Gott. Und nur wenn Gott in meiner Verkündigung aufscheint als der, nach dem ich mich sehne, wird meine Botschaft die Menschen nähren.

Wenn dein Gewand deinen Bruder ärgert, wähl dir ein anderes; wenn du aber dein Gewand ausziehst, ziehe nicht Christus aus.

Als der kleine Mönch überlegte, welche Missionsmethode für einen wenig bekannten Volksstamm die beste wäre.

Delbrêl spricht zwar von einem wenig bekannten Volksstamm. Aber letztlich bezieht sie sich in ihren Äußerungen zum Missionarsein auf ihre eigenen Erfahrungen in ihrem kommunistischen Umfeld, in dem sich die Arbeiter vom Christentum entfremdet hatten. Es hat wenig Sinn, zu diesen Menschen in einem zu frommen Gewand zu kommen. Wenn Madeleine Delbrêl in priesterlichen Gewändern dahergekommen wäre, hätten sie die Menschen nur abgelehnt. Doch sie hat sich bewusst für die Kleider und das Leben der „kleinen Leute" entschieden.

Wenn wir unsere Botschaft verbreiten wollen, so sollten auch wir ein Gewand wählen, das nicht sofort auf Widerspruch stößt. Aber wir dürfen nie Christus als Gewand ausziehen. Unsere Identität in Christus sollte durch alles durchscheinen, was wir tun und sagen.

—

Trage die Kirche; sie wird auch dich tragen.

Als der kleine Mönch seine Mühe hatte, ein vorbildlicher Mensch zu sein.

Für Madeleine Delbrêl war es sehr schmerzlich, die Kirche zu ertragen, als Rom sehr autoritär verlangte, alle Arbeiterpriester zurückzuziehen und so die Mission bei den Arbeitern aufzugeben. Sie kämpfte für diese Art der Mission mitten in der Welt. Und der Befehl Roms, die Arbeiterpriester in ihre Orden zurückzuschicken, war für sie, wie wenn man die Retter einfach wegzieht und damit unzählige Menschen ertrinken lässt. Man sollte vielmehr den Rettern Rettungsringe hinwerfen, sie in ihrer Aufgabe unterstützen. Doch dieser Appell wurde in Rom nicht gehört. Das tat Madeleine Delbrêl unendlich weh. Doch sie kehrte der Kirche nicht den Rücken. Vielmehr forderte die Erfahrung der Enge der Kirche sie dazu heraus, auch über ihre eigene Enge und Angst nachzudenken. Die Erfahrung der eigenen Begrenztheit wurde für sie eine Einladung, die Kirche trotz aller Enttäuschungen zu tragen, im Vertrauen, dass dann auch die Kirche sie trägt mit ihren eigenen Fehlern und Schwächen.

Gott kann eine Trennung wollen; Entzweiung will er nie.

Als der kleine Mönch seinen Eifer durch seine Beziehungen zu bestimmten Menschen behindert sah.

Manchmal ist es gut, sich von bestimmten Menschen zurückzuziehen. Schon Abraham rät Lot, dass sie sich voneinander trennen sollten, gerade weil sie Brüder seien und Brüder bleiben möchten. (Vgl. Gen 13,1-13) Wenn sie zu eng aufeinandersitzen, würden sie sich nur gegenseitig behindern. Wenn ein enges Miteinander nicht möglich ist, ist es fair, sich zu trennen, mehr Distanz zum andern zu gewinnen. Der kleine Mönch war vermutlich einigen Menschen so nahegekommen, dass er nicht mehr frei agieren konnte. Er fühlte sich vereinnahmt von ihnen. Dann ist es gut, mehr Distanz zu wahren. Aber man sollte sich nie entzweien, nie in Feindschaft auseinandergehen, sondern als Brüder und Schwestern. Ich sollte die Nähe und die Distanz zu den Menschen finden, die dem Werk Gottes nützt. Delbrêl hat diesen Satz vermutlich auf dem Hintergrund der Spaltungen geschrieben, die sie in der Kirche wahrnahm. Bei allem Eifer für unsere theologische Überzeugung sollten wir nie eine Spaltung bewirken. Wichtiger ist es, trotz aller theologischer Differenzen miteinander den Glauben zu leben, der sich nie in ein enges Konzept einengen lässt, sondern immer in die Weite und Freiheit führen möchte.

—

Wenn das Herz krank ist, reißt man es nicht heraus; wenn der Magen krank ist, können ihn die Finger nicht ersetzen …

Als ihm sein Bischof nicht besonders intelligent vorkam.

Vielleicht bezieht sich Delbrêl hier auf ihre eigenen Erfahrungen mit Bischöfen, die das Anliegen der Arbeiterpriester nicht verstanden. Der Bischof hat seine sinnvolle Aufgabe, auch wenn er manchmal von seiner eigenen Begrenztheit behindert wird. Man darf ihn nicht herausreißen, so wie man ein krankes Herz auch nicht herausreißt. Sonst würde man sterben. Paulus spricht im 1. Korintherbrief davon, dass wir Christen ein Leib sind mit vielen Gliedern. (1 Kor 12,12ff) Jedes Glied hat seine Aufgabe innerhalb des Leibes. Wir sollen die Glieder nicht bewerten, sondern uns als das Glied in den Leib einfügen, als das uns Gott berufen hat. Dann hören wir auf, uns über andere zu stellen und unsere Bedeutung besonders herauszustellen. Wir arbeiten gemeinsam für den Leib Christi.

Tränen sind Blutstropfen gleich –
aber nicht alle.

Als man den kleinen Mönch ganz links liegen ließ.

Von Jesus heißt es am Ölberg, dass sein
Schweiß wie Blutstropfen herunterrann.
(Vgl. Lk 22,44) Auch unsere Tränen können
wie Blutstropfen sein. Sie sind Ausdruck des
Schmerzes, wenn wir uns nicht verstanden
fühlen, wenn wir übergangen werden, wie es
der kleine Mönch erlebte. Doch nicht alle Tränen sind Tränen des Schmerzes, manche sind
auch Tränen des Selbstmitleids. Und die tun
uns nicht gut. So sollten wir bei unseren Tränen unterscheiden, ob sie aus Schmerz über
die Enttäuschung und Verletzung vergossen
werden, oder aus Selbstmitleid, das nur weh-
leidig um sich selbst kreist.

Wenn du dich nach dem Martyrium sehnst, kannst du in der Zwischenzeit das Warten nutzen und harte Arbeit leisten.

Als er seine Steuern zahlen musste.

Manche Missionare sind voller Eifer und haben hehre Ideen. Sie sehnen sich nach dem Martyrium und vergessen dabei die alltägliche Arbeit, den täglichen Einsatz für die konkreten Belange der Menschen. Der kleine Mönch musste sich dessen bewusst werden, als er seine Steuer zahlen musste. Auch als Missionar ist er ganz und gar mit dieser Welt verflochten. Wir sollen das tun, was jetzt für die Menschen notwendig ist. Auch Theresia von Lisieux spricht davon, dass es die scheinbar unwichtigen Kleinigkeiten sind, „die Jesus mehr Freude machen als das großmütig erlittene Martyrium". Jetzt leben wir. Und jetzt geht es darum, das zu tun, was der Augenblick von uns fordert.

Wenn du willst, dass man die liebt, die auch du liebst, dann liebe den, der sie nicht liebt.

Als sich der kleine Mönch um Frieden bemühte.

Madeleine Delbrêl bemühte sich um Frieden zwischen dem Vatikan und den französischen Arbeiterpriestern. Und es fiel ihr schwer, zu akzeptieren, dass es in Rom so wenig Verständnis für diese Art der Mission gab. Deshalb bemühte sie sich engagiert um die Vermittlung zwischen Arbeiterpriestern und Vatikan: Sie stand in guter Verbindung zu den Arbeiterpriestern und liebte sie. Ihr Bestreben war, dass auch die römischen und französischen Bischöfe, die das Verbot der Bewegung befürworteten, die Arbeiterpriester lieben, die sie selbst so liebte. Doch sie erkannte, dass das nur möglich sein würde, wenn sie auch die Bischöfe und die Vertreter des Vatikans liebte.

Was Madeleine Delbrêl am eigenen Leib erfahren hat, das gilt auch für uns: Wenn wir die lieben, die unsere geliebten Menschen nicht lieben, dann kann Verwandlung geschehen. Doch wir lassen uns oft spalten. Wenn Menschen unsere Freunde nicht lieben, dann wollen wir auch nichts mit ihnen zu tun haben. Doch wenn wir der Einsicht des kleinen Mönchs folgen, könnten wir versuchen, den zu lieben, der es nicht mit unseren Freunden kann. Vielleicht führt das dazu, dass unsere Freunde dann auch von diesen Menschen geliebt werden.

—

Sei überzeugt, dass du Recht hast,
glaub es nicht nur.
Als er einen in sich klaren Standpunkt vertrat.

Wenn ich meinen Standpunkt vertrete, genügt es nicht, nur vage daran zu glauben, dass ich Recht haben könnte. Ich soll überzeugt sein, dass das der richtige Standpunkt ist. Nur dann kann ich für meine Überzeugung kämpfen. Aber bis ich zu dieser Überzeugung gelange, ist es notwendig, meinen Standpunkt von Gott prüfen zu lassen. Wenn ich meinen Standpunkt von Gott prüfen lasse, erkenne ich, ob ich nur krampfhaft an ihm festhalte oder ob ich wirklich davon überzeugt bin. Wenn ich von meinem Standpunkt überzeugt bin, dann muss ich ihn nicht aggressiv vertreten. Ich kann ihn in aller Gelassenheit und Klarheit vortragen und hoffen, dass er auch die andern überzeugt.

—

Wenn in deine Tasche nicht das ganze Evangelium hineingeht, dann nimm dir einen Sack dazu.

Als der kleine Mönch aus Liebe zu den Armen gegen die Reichen schlimme Dinge sagte.

Wer sich ganz und gar für die Armen einsetzt, tut es oft auf die Weise, dass er gegen die Reichen schimpft. Doch wenn ich auf die Reichen schimpfe, kann ich sie nicht verwandeln. Nur wenn ich versuche, sie zu verstehen und sie anzunehmen, können sie sich wandeln. Was ich nicht annehme, verwandelt sich nicht.

Ein befreundeter Therapeut wurde von einem gut verdienenden Manager um Begleitung gebeten. Zunächst dachte mein Freund, er wolle seine kostbare Zeit „solchen Leuten" nicht widmen. Doch dann erkannte er: Wenn ich diesen Menschen ablehne, kann sich in ihm auch nichts wandeln. So hat er ihn begleitet und hat damit nicht nur viel Segen für diesen Manager bewirkt, sondern auch für die Firma, weil er sie nun anders geführt hat.

Das Evangelium ist offen für alle. Jesus hat für die Armen gekämpft. Aber er hat sich auch an den Tisch der reichen Zöllner gesetzt. Das hat sie verwandelt. Als Jesus dem reichen Zachäus, der von allen als Sünder angesehen wurde, sagte, er möchte bei ihm zu Gast sein, hat das diesen Mann völlig verwandelt. Auf einmal hatte es Zachäus nicht mehr nötig, immer mehr Geld zu scheffeln und Menschen zu betrügen. Er war bereit, die Hälfte seines Vermögens den Armen zu geben, und hat damit all die Pharisäer beschämt, die ihn als Sünder verurteilt hatten.

Fügen wir noch hinzu: Jesus hat die Reichen verurteilt, die sich an ihren Reichtum klammern, nicht aber die Reichen schlechthin.

Mit diesem Satz will Madeleine Delbrêl dem kleinen Mönch nochmals einschärfen, dass er nicht über die Reichen schimpfen oder schlecht reden sollte. Jesus hat den Reichtum verurteilt, aber nicht die Reichen. Sein Wort „Leichter geht ein Kamel durch ein Nadelöhr, als dass ein Reicher in das Reich Gottes gelangt" (Mt 19,24) gilt den Menschen, die sich mit ihrem Reichtum identifizieren, die sich an ihren Reichtum klammern.

Mir erzählte eine Frau, sie könne mit ihrem Mann nicht mehr vernünftig sprechen, da er als erfolgreicher Geschäftsmann nur noch von

Geld und Macht spricht. So ein Reicher ist von seinem Herzen abgeschnitten. Und in so einem Menschen kann Gott nicht herrschen, weil er von seiner Gier nach Geld beherrscht wird. Jesus will mit diesem Satz nicht nur die Reichen mahnen, sondern uns selbst, dass wir nicht an dem hängen, was wir besitzen, auch wenn es nur wenig ist.

—

Sag nicht zu viel Schlechtes über dich.

Als ihm manche Christen nicht gefielen.

Wenn wir uns über andere Christen aufregen und über sie Schlechtes sagen, dann sprechen wir letztlich über uns selbst. Das, was wir über andere sagen, sagen wir über uns. Die Leute sagen zu Petrus: „Schon deine Sprache verrät dich ja." (Mt 26,73) Unsere Sprache über andere Menschen verrät uns. Wir sprechen letztlich immer über uns, auch wenn wir meinen, wir würden nur über andere reden. Daher mahnt uns der kleine Mönch, dass wir nicht so schlecht über uns reden sollen. Der Weg dahin ist, dass wir aufhören, über andere negativ zu reden.

Vielleicht hat der kleine Mönch aber noch eine andere Verhaltensweise im Blick. Manchmal kritisieren wir uns selbst, aber in Wirklichkeit gilt die Kritik andern Menschen. Zu viel Selbstkritik kann auch wie Eigenlob klingen. Wir sind ja so demütig, dass wir uns ganz kleinmachen. In Wirklichkeit stellen wir uns mit unserer Selbstkritik über die anderen.

Christus hat niemanden verurteilt,
weil er ein Bankier war; wohl aber hat
er die verurteilt, die sich als Richter
über andere erheben.

Als der kleine Mönch missionarische Skrupel
bekam und einem reichen Bankier den Rücken
kehrte.

Der kleine Mönch hatte Kontakt mit einem reichen Bankier. Doch dann plagt ihn das Gewissen. Er fragt sich, ob es gut ist, mit einem Reichen Kontakt zu haben. Und so wendet er sich von ihm ab. Doch später fällt ihm das Verhalten Jesu ein, der nicht den Bankier verurteilt hat, sondern alle Menschen, die sich zum Richter über andere aufspielen: „Richtet nicht, damit ihr nicht gerichtet werdet!" (Mt 7,1) Wir sollen nie über einen anderen richten. Denn wir kennen letztlich seine Seele nicht. Wir wissen nicht, was in ihm wirklich vor sich geht.

Mit einem Federstrich entheben dich andere der drückenden Last der Verantwortung; du solltest täglich dafür danken.

Als man ungerechterweise seiner kurzen Karriere ein Ende setzte.

Wer unrechtmäßig entlassen wird, ist meistens voller Groll. Es tut weh, dass meinem Streben, beruflich weiterzukommen, ein Ende gesetzt wird. Der kleine Mönch musste auch diese Erfahrung machen. Seiner Karriere als Missionar und Seelsorger setzte man ein Ende, aus welchen Gründen auch immer. Sicher war der kleine Mönch erst einmal schockiert und fühlte sich tief verletzt. Doch dann sagte er sich: „Eigentlich sollte ich dankbar sein. Denn die andern haben mich von der drückenden Last der Verantwortung befreit."

Es kommt immer auf die Brille an, mit der ich auf herausfordernde Lebenssituationen schaue. Ich kann mich im Schmerz oder im Zorn vergraben. Oder ich kann mit der Brille der Dankbarkeit darauf schauen. Dann erkenne ich, dass die Kündigung auch einen Vorteil hat. Ich kann jetzt wieder frei atmen. Und ich kann überlegen, was für Möglichkeiten sich mir jetzt auftun, was Gott jetzt von mir möchte, was Gott mir jetzt zutraut.

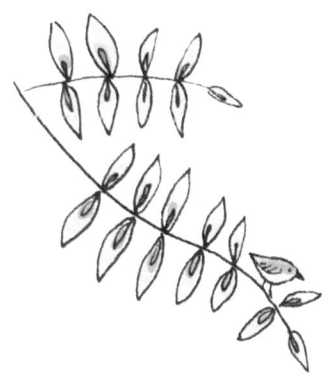

DIE PRÜFUNGEN DES
EINFACHEN CHRISTEN

Was du dir erwählt hast, um ein guter Christ zu werden, hat dich nun dahin gebracht, dass du ein christliches Leben verabscheust.

Der kleine Mönch schrieb diese Worte nach zehn Jahren klösterlichen Lebens.

Madeleine Delbrêl legt diese Worte dem kleinen Mönch in den Mund, als er zehn Jahre im Kloster war. Aber in ihrem Kommentar meint sie, diese Worte könnten auch von Frauen ihren Männern und von Männern ihren Frauen gegenüber am zehnten Hochzeitstag gesagt werden. Sie gelten für Ärzte nach zehnjähriger Praxis, für Soldaten nach zehnjährigem Dienst und für Missionare nach zehnjährigem Apostolat und für alle Christen nach zehn Jahren christlichen Lebens. Wir alle machen nach zehn Jahren die Erfahrung von Enttäuschung. Das Leben im Kloster, in der Ehe, im missionarischen Dienst wird alltäglich. Wir erleben die Routine, manchmal die Leere. Wir bekommen Widerwillen gegen das, was wir zehn Jahre lang getan haben. Aber der Widerwille bedeutet nicht, dass wir unseren Beruf als Mönch, als Arzt, als Missionar aufgeben und aus unserer Ehe aussteigen. Vielmehr will der Widerwille dadurch ernst genommen werden, dass wir uns wieder an unsere ursprüngliche Berufung erinnern. Und dass wir uns überlegen, wie wir in der Alltäglichkeit unseres Lebens das leben können, was uns am Anfang so fasziniert hat. Der Widerwille zeigt uns, dass wir eine andere Einstellung zu unserem Leben brauchen. Wir sollen nicht von unserem Leben das Glück erwarten, sondern wir sollen unser Leben mit Glück erfüllen, indem wir es mit dem Geist Jesu durchdringen und unsere Augen für Gottes große und kleine Wunder in unserem Leben öffnen.

DAS LEBEN MIT GOTT

*Es ist ungewiss, ob der Duft der Felder
dich sicherer zu Gott führt als der Lärm
der Großstadt.*

*Als es um die Wahl des Ortes ging, wo der kleine
Mönch eine Einkehrzeit nehmen wollte.*

Normalerweise suchen wir uns einen ruhigen Ort aus, inmitten der Natur, um innerlich einzukehren, um still zu werden und uns für Gott zu öffnen. Aber es ist die Frage, ob der behagliche Ort uns wirklich mehr für Gott öffnet als der Lärm der Großstadt. Vielleicht kreisen wir am ruhigen Ort inmitten der Natur nur um uns selbst und um unser Wohlgefühl. Aber wenn wir im Lärm der Großstadt nach Gott Ausschau halten, dann geht es uns nicht mehr ums Wohlfühlen, sondern darum, wirklich Gottes leise Stimme durch die lauten Stimmen des Großstadtlärms zu erhorchen.

Madeleine Delbrêl vergleicht das Gebet

mitten im Lärm der Großstadt mit Tiefenbohrungen: „Heutzutage ist in manchem städtischen Leben das Gebet nur durch Bohrungen möglich." Dafür müsse das Gelände genau vorbereitet, die Bohrtürme installiert werden. Das verlangt wirklich ein geistliches Tun. Wenn wir uns bewusst Zeit für geistliche „Tiefenbohrungen" nehmen, werden wir frei vom Kreisen um uns selbst. Dann führen sie uns im Lärm der Großstadt zu Gott. Dann erfahren wir mitten im Trubel der Stadt, dass auf dem Grund unseres Herzens ein Raum der Stille ist, zu dem wir immer und überall kommen und in dem wir immer einkehren können, in dem Gott selbst wohnt.

Bei Einkehrzeiten sollte man sich durchaus den nötigen Schlaf gönnen; es gibt aber noch andere Beschäftigungen.

Als sich der kleine Mönch zum Gebet sammelte.

Bei den frühen Mönchen war es üblich, sich möglichst wenig Schlaf zu gönnen. Doch der hl. Ignatius von Loyola rät uns, dass wir uns bei Exerzitien den nötigen Schlaf gönnen, damit wir bei den Meditationen wach bleiben und nicht schläfrig sind, wenn Gott gerade zu uns sprechen möchte.

Was uns jedoch oft mehr vom Gebet abhält als der Schlaf, das sind die tausend kleinen noch zu erledigenden Dinge, die uns immer dann einfallen, wenn wir beten möchten. Dann denken wir daran, dass wir das Bett noch machen sollten, dass noch dies oder jenes erledigt werden muss. Erst dann könnten wir uns ruhig zur Meditation setzen. Doch manchen rauben diese kleinen Beschäftigungen die Zeit zum Beten. Wenn wir uns Zeit

zum Beten nehmen, sollen wir uns weder von
der Müdigkeit abhalten lassen noch von den
vielen Beschäftigungen, die uns gerade dann
einfallen, wenn wir beten möchten. Es geht
darum, sich jetzt auf dieses Gebet einzulassen.

—

*Auch eine Mimose kann unempfindlich
sein für das feine Wehen des Heiligen
Geistes.*

*Als der kleine Mönch zu wählen hatte, ob er
seine geistliche Einkehr nicht in der warmen
Sonne halten solle.*

Manche suchen sich bei den Exerzitien den
bequemsten und angenehmsten Ort aus. Sie
meinen, nur dort könnten sie ruhig beten. Dabei gebärden sie sich bisweilen wie Mimosen:
Im Freien ist es zu windig, im Zimmer zu eng,
in der Kapelle zu kalt. Vor lauter Empfindlich-
keiten den äußeren Dingen gegenüber kom-

men sie nicht zum Beten. Der kleine Mönch erkennt, dass er mit seiner Empfindlichkeit den äußeren Dingen gegenüber unempfindlich wird für das feine Wehen des Heiligen Geistes. Vor lauter Kreisen um die besten äußeren Voraussetzungen wird er taub für das, was der Heilige Geist ihm sagen möchte.

—

Gott wohnt nicht vorwiegend in historischen Denkmälern.
Weiterer Wahlgegenstand.

Romanische Kirchen sind ein schöner Ort, um sich in Gott geborgen zu fühlen. Gotische Kirchen erheben unseren Geist. Aber wenn wir zu sehr auf die Art der Gebäude achten, werden wir auch in der schönsten Kirche Gott nicht erfahren. Wir sind dann fixiert auf das historische Denkmal und das, was es uns erzählt. Aber wir öffnen uns nicht Gott.

Wir lassen uns von der Architektur ablenken und wir kreisen nur um die äußere Schönheit. Doch wir sehen in der Schönheit der Kirche nicht die Schönheit Gottes. Madeleine Delbrêl ist überzeugt: Gott kann uns an jedem Ort erreichen. Jeder Ort kann zum heiligen Ort werden. Sie glaubt fest daran, „dass diese Straße, dass diese Welt, auf die uns Gott gesetzt hat, für uns der Ort unserer Heiligkeit ist." Es kommt nur darauf an, dass wir erreichbar sind. Gott wohnt überall. Die Frage ist, ob wir bei uns selbst wohnen, sodass Gott auch in uns Wohnung nehmen kann. Wenn wir nie bei uns daheim sind, wird auch Gott nicht bei uns wohnen wollen.

—

Wenn du Begabung zum Komödianten hast, misstraue dem schönen Dekor.

Noch etwas zum Wählen.

Wer genügend Humor hat, dem geht es nicht um das schöne Dekor. Der gibt sich nicht mit den äußeren Dingen zufrieden, sondern er sucht nach Gott.

Ein Gaukler, der dem schönen Dekor misstraute, war für Madeleine Delbrêl auch der heilige Franziskus. Auch er brauchte für seine Gottsuche keine imposanten Bauwerke. Dass Gottsuche auch in einer hässlichen Umgebung geschehen kann, hat sie in der Arbeiterstadt Ivry zur Genüge erfahren. Das hat ihr eine große innere Gelassenheit geschenkt, sodass sie so manchen kirchlichen Konventionen, die die Bedeutung des äußeren Dekors betonten, mit Humor begegnen konnte. Der Komödiant hat Sinn für das Komische. Er entlarvt den äußeren Schein und zielt auf das Wesentliche.

DAS GEBET

Die Zerstreuungen werden zum Gebet,
wenn man mit Gott an sie denkt;
gegen sie zu kämpfen macht sie manch-
mal noch größer.

Als der kleine Mönch überarbeitet war.

Fromme Beter kämpfen gegen ihre Zerstreuungen an. Und sie klagen sich in der Beichte
selbst dafür an, dass sie beim Beten zerstreut
waren. Die Kunst besteht darin, die Zerstreuungen selbst zum Gebet zu machen. Beten
heißt ja, das vor Gott zur Sprache bringen,
was mich gerade bewegt. Und in meiner Zerstreutheit wird deutlich, was mich gerade
bewegt. Wenn ich das, was da in meiner Zerstreutheit in mir hochkommt, Gott hinhalte,
dann werden die Zerstreuungen selbst zum
Gebet. Ich halte meine eigene Wahrheit, so
wie sie sich gerade in den Zerstreuungen dar-
bietet, Gott hin. Das verwandelt sie. Und ich

öffne mich mit meiner inneren Wahrheit Gott gegenüber.

Manchmal taucht in den Zerstreuungen das auf, was meine Seele zutiefst beschäftigt. Doch oft sind es eher zerstreuende Gedanken, die keinen tieferen Inhalt haben. Ich denke z.B. daran, was ich heute noch besorgen oder einkaufen sollte oder wer heute noch zu Besuch kommt. Solche Zerstreuungen zeigen mir, dass ich mich gerade um Äußerlichkeiten drehe. Ich zerstreue mich, um meiner eigenen Wahrheit aus dem Weg zu gehen. Diese innere Zerrissenheit und Zerstreutheit darf ich Gott hinhalten und in Gott zu meiner eigenen Mitte finden.

*Um Gott zu sagen, was er will, tust
du dich leicht; willst du ihm aber sagen,
was du willst, tust du dich schwer.*

Als der kleine Mönch in Gedanken vertieft war.

Der kleine Mönch ist in Gedanken vertieft. Er weiß selbst nicht, was er will. So wählt er im Gebet zwar fromme Worte und sagt Gott, dass sein Wille geschehen soll. Aber wie soll er wissen, was Gott will, wenn er sich noch nicht einmal über seinen eigenen Willen im Klaren ist? Nur wenn der Beter bei sich selbst ist, kann er auch Gott begegnen. Wenn er sich in seine Gedanken vertieft, ist er gar nicht offen für Gott. Gott hat gar keine Chance, sich bei ihm zu Wort zu melden.

Wir wissen zwar meist, was wir oberflächlich wollen: Wir wollen jetzt dies oder jenes essen, dorthin oder anderswo hinfahren. Aber was wir in der Tiefe unserer Seele wollen, das wissen wir oft nicht. Und so käme es darauf an, in unser Inneres hineinzuhorchen und auf dem Grund unserer Seele das zu erkennen, was unser wahres Selbst, was unser innerster Kern will. Dieser Wille auf dem Grund unserer Seele ist dann identisch mit dem Willen Gottes. Denn Gott will, dass wir ganz wir selbst, dass wir authentisch werden, dass wir unserem Wesen entsprechend leben.

—

Wenn du daran glaubst, dass der Herr bei dir ist, dann findest du überall, wo du einen Platz im Leben findest, auch einen Platz zum Beten.

Als das Kloster völlig übervölkert war.

Dass ein Kloster heute übervölkert ist, ist zwar recht unwahrscheinlich. Aber dass wir vor lauter Lärm und vor lauter Menschen um uns herum keinen Ort finden, an dem wir gut beten können, darüber beklagen wir uns gern. Doch dem kleinen Mönch geht auf einmal auf: Wenn Gott überall ist, dann kann ich überall zu Gott beten. Dann finde ich überall einen Ort, an dem ich mich mit Gott verbinden kann. Darum sollte ich nicht darüber klagen, dass die vielen Menschen um mich herum mich vom Beten abhalten.

Gott ist überall. Daher kann ich überall – auch im größten Lärm – zu Gott beten. Denn Gott ist in mir. Im Beten gehe ich vom äußeren Lärm weg in den inneren Raum der Stille. Dort begegne ich Gott. Jesus sagt, dass wir im Verborgenen beten sollen, in der verborgenen Kammer unseres Herzens. Dort finden wir immer Gott, ganz gleich, was uns äußerlich für ein Trubel umgibt. (Vgl. Mt 6,6)

*Wenn du an das Ende der Welt gehst,
findest du die Spuren Gottes; steigst
du auf den Grund deiner Seele, findest
du ihn auch dort.*

*Als der kleine Mönch nachsann,
wie Gott zu finden sei.*

Gott können wir überall begegnen, auf der
ganzen Welt. Aber ein besonderer Ort, an
dem wir Gott immer finden, ist der Grund
unserer Seele. Auf dem Grund unserer Seele
ist ein Raum der Stille. In ihm wohnt Gott.
Wir brauchen uns überall, wo wir sind, nur
nach innen zu wenden, durch all die Gedanken und Gefühle hindurchzugehen, um in
den Grund unserer Seele zu gelangen. Dort
begegnen wir Gott. Aber über diesen Gott
können wir nicht verfügen. Er wohnt in uns
als der unbegreifliche Gott. Und doch können
wir dort, wo Gott, „das absolute Geheimnis",
– wie Karl Rahner Gott nennt – in uns wohnt,
bei uns daheim sein. Denn Heimat finden wir

nur, wenn wir uns diesem Geheimnis öffnen. Dann berühren wir auf dem Grund unserer Seele das Geheimnis Gottes, der uns bei uns selbst daheim sein lässt.

—

Erdöl zu finden erfordert Schweiß und Verstand; warum wollen wir Gott finden ohne Geist und Mühe?
Zum Thema Gebet an Tagen innerer Unruhe.

Die Botschaft, dass Gott überall zu finden ist und dass wir ihn daher überall suchen können, klingt so einfach. Der hl. Benedikt versteht den Mönch als einen, der sein Leben lang Gott sucht. Aber die Suche nach Gott ist nicht eine spielerische Suche, so wie man an Ostern die im Garten versteckten Ostereier sucht. Gott zu suchen, verlangt Geist und Mühe. Ich muss meinen Verstand anstrengen, um hinter allem, was ich wahrnehme, Gott zu erkennen. Und es bedarf der Mühe, um beständig Gott zu suchen. Denn Gott zu suchen heißt, ihn immer und überall zu suchen.

Oft leben wir lieber an der Oberfläche, als in die Tiefe zu bohren. Doch Gott finden wir nur, wenn wir bei allem, was wir sehen, tiefer sehen, bis in den Grund hinein. Dann erahnen wir Gott als den tiefsten Grund allen Seins.

Jesus hat uns das Gleichnis vom Schatz im Acker erzählt. Wir finden Gott im Acker unserer Seele. Aber wir müssen durch all die verhärteten Schichten der Erde, durch alle unsere Emotionen und Leidenschaften, durch alle Verhärtungen und Erstarrungen hindurchgraben und uns dabei die Hände schmutzig machen. Nur dann werden wir Gott auf dem Grund unserer Seele erfahren.

Gott hat Geist genug, dir kann es daran fehlen; er hat keine schwachen Nerven, aber die deinen können ihm zu Diensten sein.

Als die Schmerzen des Leibes den Geist verfinsterten.

Der kleine Mönch meint, die Schmerzen des Leibes würden es ihm unmöglich machen, nach Gott zu suchen oder zu Gott zu beten. Er spürt, dass er mit den Schmerzen des Leibes überfordert ist, dass seine Nerven nicht so stark sind, die Schmerzen auszuhalten. Sein Geist verfinstert sich ob all der Schmerzen. Doch Madeleine Delbrêl schreibt dem kleinen Mönch, der immerzu um seine Schmerzen kreist, voller Humor ins Stammbuch, dass Gott keine schwachen Nerven hat.

Gott ist es möglich, den kleinen Mönch gerade durch seine schwachen Nerven für sich zu öffnen. Die schwachen Nerven können zur Einlasspforte der Gnade Gottes werden. Denn da spürt der kleine Mönch, dass er mit seinen Kräften am Ende ist und seine Kraft allein nicht ausreicht. Das gibt Gott die Möglichkeit, seine Gnade stark werden zu lassen. So hat es Paulus erfahren, der auch glaubte, seine Krankheit hielte ihn davon ab, die Botschaft Jesu überzeugend zu verkünden. Doch Gott sagt dem Paulus und auch uns: „Es genügt dir meine Gnade; denn die Kraft wird in der Schwachheit vollendet." (2 Kor 12,9)

—

Beten heißt nicht begabt, sondern da sein.
Als der kleine Mönch den Leuten auf der Straße zuhörte.

Als der kleine Mönch den Leuten auf der Straße zuhörte, dachte er, sie wären alle religiös unbegabt, sie hätten keine Ader für Gott oder für das Gebet. Und er dachte wohl, dass er viel begabter sei, um zu meditieren und zu beten. Doch dann musste er erkennen, dass er sich mit seinem Urteil über die Menschen gestellt hatte.

Beten hat nichts mit spiritueller Begabung zu tun. Beten heißt vielmehr: einfach da zu sein, da zu sein vor Gott, sich so, wie man ist, Gott zuzumuten, alles, was in einem auftaucht, Gott hinzuhalten. Das vermag jeder. Und Beten heißt, ganz präsent zu sein, gegenwärtig vor Gott, aber auch präsent vor den Menschen. Wenn ich aufmerksam auf die Menschen höre, höre ich in ihnen auch Gottes Stimme, die mich zum Beten ruft. Heute nennen das viele spirituelle Autoren die Kunst der Achtsamkeit. Wenn ich achtsam bin, wach, ganz im Augenblick, dann begegne ich Gott.

—

Das Kloster zu wechseln ändert den Mönch nicht; Gott ist an jedem Ort der Gleiche.

Vor einem Reisebüro.

Voller Humor schildert Madeleine Delbrêl, wie der kleine Mönch offensichtlich die Nase voll hat von seinem Kloster. So steht er vor einem Reisebüro und überlegt, in welches Kloster er gerne übertreten würde, welches Kloster in einer schönen Umgebung liegt und wo er sich wohlfühlen würde. Doch dann erkennt er, dass er auf einem Irrweg ist. Wenn er in ein anderes Kloster übertritt, nimmt er sich mit, so wie er ist, mit seiner Wehleidigkeit und Empfindlichkeit, seinem Ärger über kleinkarierte Mitbrüder, seinen übertriebenen Erwartungen an ein heiles und heiliges Kloster. So erkennt er: Gott ist an jedem Ort der Gleiche. Und Gott lässt sich überall finden, gerade auch in dem Kloster, in dem er jetzt lebt. Die Enttäuschung, die ihn an seinem Kloster leiden lässt, könnte ihn geradewegs in die Hände Gottes führen. Denn sie hindert ihn daran, sich im Sich-Wohlfühlen zu baden.

Um Gott zu finden, muss man wissen, dass er überall ist, aber auch, dass er nicht allein ist.

Der kleine Mönch benutzte diesen Ausspruch gern, wenn ihm viele Dinge gefangen nahmen oder ihm manche Leute auf die Nerven gingen.

Wir würden gerne Gott allein suchen und dann die Nähe Gottes für uns genießen. Doch Gott ist nie allein. Er ist immer zusammen mit seinen Kindern, mit all den Menschen, die er geschaffen hat. Und diese Menschen können uns wie dem kleinen Mönch manchmal auf die Nerven gehen. Doch ohne die Menschen lässt Gott sich nicht finden. Und gerade indem wir uns auf die Menschen mit ihren manchmal unangenehmen Seiten einlassen, finden wir Gott. Gott ist nicht nur bei den Menschen, sondern auch in ihnen. Und gerade in ihnen sollten wir das Antlitz Gottes suchen.

Auch die frühen Mönche kannten die Sehnsucht, ganz mit Gott verbunden zu sein. Und immer wieder hatten sie den Eindruck, dass die schwierigen Mitbrüder sie am wahren Gebet hindern. Sie sagten: Wäre dieser Mitbruder nicht gewesen, könnte ich ganz im Frieden vor Gott sein. Doch ein Altvater sagte einmal einem Mönch: „Selbsttäuschung. Es ist wie beim Fliegenpilz. Außen ist er schön, doch wenn du ihn zerbrichst, kommt der ganze Unrat hervor. Dein Mitbruder hat dir nur den Unrat gezeigt, der in dir ist." So sind es gerade die schwierigen Mitbrüder, die uns zwingen, unsere ganze Wahrheit Gott hinzuhalten. Und nur wenn wir Gott alles hinhalten, werden wir ihm begegnen.

Wenn du die Wüste liebst, vergiss nicht,
dass Gott die Menschen lieber sind.

Als er auf der Fahrt seinen Rosenkranz betete.

Madeleine Delbrêl erkannte früh ihre Neigung zur Kontemplation. Nach ihrer Bekehrung wollte sie in den Karmel eintreten, einen Orden, in dem die Nonnen in Abgeschiedenheit ihr Leben ganz der Kontemplation widmen. Allein mit Gott zu sein war ihre große Sehnsucht. Doch zugleich erkannte sie, dass Gott die Menschen liebt und dass ihre Suche nach Gott ohne die Liebe zu den Menschen nicht zum Ziel kommt. So hat sie sich mitten in der Welt der bedürftigen und leidenden Menschen angenommen. Darin hat sie Gott gefunden. Ihre Erfahrung ist eine Herausforderung für alle, die wie der kleine Mönch Spiritualität manchmal als Flucht vor den Menschen sehen wollen. Doch er wird durch innere Einsichten immer wieder von der Tendenz, nur für sich zu sein, geheilt.

Es ist gut, wenn wir gerne allein in Stille den Rosenkranz beten. Aber wenn es uns beim Beten nur um unser Wohlgefühl geht, dann begegnen wir Gott nicht. Denn Gott liebt die Menschen und möchte, dass wir einander wahrnehmen. Und wenn wir Gott lieben, sollten wir auch die Menschen lieben und im Gebet an die vielen Menschen denken, die vor Gott verstummt sind.

—

Für einen, der Gott sucht wie Mose, kann eine Treppe der Sinai sein.
Auf jeder Treppenstufe.

Mose ist zum Berg Sinai hinaufgestiegen. Dort hat er mitten in der Wüste vierzig Tage gefastet und ist Gott so intensiv begegnet, dass sein Angesicht leuchtete. Für uns kann die Besteigung eines Berges durchaus auch zu einer Gotteserfahrung führen. Doch wir müssen uns nicht in eine Wüste zurückziehen, um Gott zu begegnen. Im Alltag genügt es, wenn wir die vielen Treppen, die wir steigen, als Symbol unseres Aufstiegs zu Gott sehen.

Wir können das Treppensteigen sogar für eine kurze Meditation mitten im Alltag nutzen: Wenn wir bewusst die Treppen steigen, können wir uns vorstellen, dass jede Stufe uns näher zu Gott führt, denn jeder Schritt, den wir bewusst tun, kann ein Schritt auf Gott zu sein. Es kommt nur darauf an, dass wir jeden Schritt achtsam tun, dass wir ganz im Gehen sind. Dann gehen wir mit jedem Schritt auf Gott zu.

O Gott, wenn du überall bist, wie kommt es dann, dass ich so oft anderswo bin?

Kleines Gebet, von Zeit zu Zeit zu beten.

Wir wissen, dass Gott überall ist. Wir könnten ihm daher überall begegnen. Aber wir sind oft nicht dort, wo wir gerade sind. Wir sind mit unseren Gedanken irgendwo anders. Wir gehen geistesabwesend in den Räumen unserer Phantasie spazieren. Aber in diesen Räumen der Phantasie begegnen wir Gott nicht.

Nur wenn wir geistesgegenwärtig im Augenblick sind, wenn wir dort sind, wo gerade auch unser Leib ist, dann begegnen wir Gott. Gott ist der, der immer und überall präsent ist. Aber um ihm begegnen zu können, braucht es auch unsere Präsenz. Wenn wir irgendwo anders sind mit unseren Gedanken, werden wir Gott verfehlen. Der kleine Mönch betet dieses kurze Gebet immer wieder, um sich selbst zu ermahnen, in diesem Augenblick und an diesem Ort zu sein. Dann wird er dort auch Gott finden.

NACHWORT
von Anselm Grün

Es ist kein systematischer Führer und Begleiter auf dem geistlichen Weg, den Madeleine
Delbrêl mit dem „kleinen Mönch" geschrieben hat. In der französischen Originalausgabe
lautet der Titel: „Alcide. Guide simple pour
simples chretiens". Madeleine Delbrêl versteht also die Aphorismen in ihrem Buch als
einfachen Führer für einfache Christen. Der
kleine Mönch ist ein Bild für jeden Christen.
Und jeder Christ erlebt auf seinem geistlichen Weg ähnliche Herausforderungen wie
der kleine Mönch. Ihm kommen bei seinem
Versuch, aus dem Geist Jesu zu leben, immer
wieder Gedanken hoch, die ihn davon abhalten, sich ganz Jesus hinzugeben. So führt uns
Madeleine Delbrêl in ihrem kleinen Buch mit
Humor die eigenen Herausforderungen vor
Augen und lädt uns liebevoll ein, uns von all
den Gedanken zu verabschieden, in denen wir

uns über andere stellen und in denen wir uns als etwas Besonderes vorkommen. Das wahre geistliche Leben vollzieht sich im Alltag, in den einfachen Begegnungen des Alltags und in der Offenheit für die Menschen, die um uns herum sind. Dabei sollen wir Zeiten des Schweigens nicht vernachlässigen. Aber das Schweigen führt uns nicht in besondere, von der Welt getrennte Räume, sondern im Schweigen öffnen wir uns dem Gott, der uns mitten im Trubel der Welt anspricht, der uns gerade in den Armen und Bedürftigen begegnen möchte.

So wünsche ich allen Lesern und Leserinnen, dass sie sich von den liebevollen und humorvollen Worten der französischen Mystikerin einladen lassen, voller Demut, voller Humor und mit innerer Freiheit und Liebe ihren geistlichen Weg zu gehen und auf diesem Weg zum Segen zu werden für viele Menschen.

LITERATUR

Katja Boehme: *Madeleine Delbrêl. Die andere Heilige*,
  Verlag Herder GmbH, Freiburg i. Br. 2004, aktualisierte
  Neuausgabe 2014.

Annette Schleinzer: *Die Liebe ist unsere einzige Aufgabe.*
  Das Lebenszeugnis von Madeleine Delbrêl, Verlags-
  gemeinschaft topos plus, aktualisierte Neuausgabe,
  Kevelaer 2019.

INHALT

© Verlag Herder GmbH, Freiburg im Breisgau 2020
Alle Rechte vorbehalten
www.herder.de

Der Text basiert auf der folgenden deutsch-
sprachigen Ausgabe:
Madeleine Delbrêl, Der kleine Mönch im Alltag.
Ins Deutsche übertragen von Bernhard Matheis
© für die deutsche Ausgabe Verlag Herder,
Freiburg im Breisgau 2005.
© für den französischen Originaltext:
Alcide. Guide simple pour simples chrétiens (1980);
(„Alcide ou les saintes aventures de tous le jours")
© Editions du Seuil, Paris 1968

Als deutsche Bibelübersetzung ist zugrunde gelegt:

Die Bibel. Die Heilige Schrift
des Alten und Neuen Bundes.
Vollständige deutschsprachige Ausgabe
© Verlag Herder GmbH, Freiburg im Breisgau 2005

Umschlaggestaltung- und motiv: Gestaltungssaal
Satz und Illustrationen: Gestaltungssaal
Herstellung: GGP Media GmbH, Pößneck

Printed in Germany

ISBN Print 978-3-451-38694-7
ISBN E-Book 978-3-451-81943-8